Fe Ddaeth yr Awr

ELFYN PRITCHARD

GOMER

Argraffiad Cyntaf—1996

ISBN 1 85902 377 0

(h) Elfyn Pritchard

Cedwir pob hawl. Ni chaniateir atgynhyrchu unrhyw ran o'r cyhoeddiad hwn na'i gadw mewn cyfundrefn adferadwy na'i drosglwyddo mewn unrhyw ddull na thrwy unrhyw gyfrwng electronig, electrostatig, tâp magnetig, mecanyddol, ffotogopïo, recordio nac fel arall heb ganiatâd ymlaen llaw gan y cyhoeddwyr, Gwasg Gomer, Llandysul, Dyfed, Cymru.

Dymuna'r cyhoeddwyr gydnabod cymorth
Adrannau Cyngor Llyfrau Cymru.

Cyhoeddwyd dan gynllun comisiynu
Cyngor Llyfrau Cymru.

Cyhoeddwyd trwy ganiatâd
Urdd Gobaith Cymru.

Argraffwyd gan Wasg Gomer, Llandysul, Dyfed

1. *Creigiau Duon, Tachwedd 1971*

Abertwyni oedd yr orsaf leiaf a welais erioed. Y fi oedd yr unig un i ddisgyn o'r trên yno, a doedd hynny ddim yn rhyfedd gan mai fi oedd yr unig deithiwr oedd arno. Dyna beth od na fyddai'r orsaf hon wedi hen gau ers blynyddoedd. Ond wrth gerdded at y Rôls mawr du a oedd yn aros amdanaf y tu allan mi sylweddolais pam ei bod yn dal ar agor. Y gŵr pwysig oedd yn byw yn y pentre oedd y rheswm—Syr William Meurig. Ef oedd un o brif ddynion y Swyddfa Dramor a'r gŵr roeddwn i'n mynd i dreulio wythnos yn ei gartref.

Edrychais i fyny trwy niwl a glaw mis Tachwedd ar y plasty anferth a safai fel sgerbwd mawr ar ben clogwyn filltir o'r pentre. Mi fyddai bil trydan y chwarter nesaf yn un go fawr. Roedd pob stafell yn olau, a'r golau fel petai'n herio'r tywyllwch y tu allan. Hwn oedd Creigiau Duon, cartref Syr William, ac yn ôl y Cyrnol beth bynnag, roedd rhywbeth mawr ar droed yn y plasty, a gallai bywydau llawer o bobl fod mewn peryg.

Cerddais at y car a phan welodd y gyrrwr fi'n dod daeth allan i agor y drws i mi.

'Noswaith dda,' meddwn wrtho'n fwyn, fel pe bawn i'n dechrau darllen newyddion Radio Cymru.

Wnaeth y gyrrwr ddim ateb, dim ond gwneud rhyw sŵn chwyrnu yn ei wddw a hanner codi ei law at ei gap mewn esgus o saliwt. Mae'n debyg nad oeddwn i'n ddigon pwysig iddo dynnu ei gap i mi. Ond teimlwn yn bwysig iawn wrth eistedd yn ôl i fwynhau moethusrwydd y car drudfawr a phe bai gen i sigâr mi fyddwn i wedi ei thanio yn y fan a'r lle.

Ond hwyrach y dylwn i gyflwyno fy hun i chi. Dan Jenkins, un o ddynion clyfar y Gwasanaeth Cudd ydw i. Y fi biau'r gair 'clyfar' cofiwch, nid y Cyrnol. Chlywais i erioed mono fo'n defnyddio'r gair amdana i na neb arall. Y Cyrnol ydi bòs y Gwasanaeth Cudd ac yn aml iawn galwad i'w swyddfa fo ydi'r cam cyntaf ar y ffordd i'r nefoedd. Wir i chi! Fo sy'n anfon yr hogiau allan i'r cyfandir a mannau peryglus eraill i ddwyn cyfrinachau a lladd pobl—a phethau difyr felly. Mae amryw o'r bobl y mae o'n eu hanfon allan yn cael eu dal a'u cam-drin, mae eraill yn fwy lwcus ac yn cael eu lladd yn syth, a rhai fel fi yn dal yn iach eu crwyn hyd yn hyn.

'Mae gen i joben fach neis i chi, Jenkins,' meddai fo.

Doedd hyn ddim yn gychwyn da o gwbl. Mae gan y Cyrnol y ddawn i wneud i wythnos mewn carchar swnio fel gwyliau yn Butlins.

'Mae gen i joben fach neis i chi, y math o job y medrwch chi, hyd yn oed, ei gwneud.'

Un da am ganmol ydi'r Cyrnol.

'I dorri stori hir yn fyr, rydw i am i chi dreulio wythnos ym mhlasty Syr William Meurig yn Abertwyni. Mae 'na gynhadledd bwysig iawn i'w chynnal yno ymhen yr wythnos. Mi fydd pobl bwysig yno, ac mae'n bosib eu bod mewn peryg. Eich gwaith chi yw gwneud yn siŵr nad oes dim niwed yn digwydd iddyn nhw. Ar yr un pryd ceisiwch ddarganfod a oes ysbïwr yn y plas gan fod rhai o gyfrinachau'r Swyddfa Dramor yn cael eu gwerthu i wledydd eraill. Yn ffodus, er mwyn cael esgus i chi fod yno, mae gan Syr William ddiddordeb mawr mewn ieuenctid. Mae o wedi cychwyn clwb ieuenctid llewyrchus iawn yn y pentre, ac mae o, o'i boced ei hun, yn talu cyflog trefnydd amser llawn i'r clwb a holl gostau rhedeg y lle. Mae gennych chi ddiddordeb mewn gwaith ieuenctid.'

Roeddwn i ar fin ateb nad oedd gen i ddim diddordeb o gwbl mewn gwaith o'r fath pan sylweddolais nad gofyn cwestiwn yr oedd y Cyrnol.

'Rydych chi eisiau dechrau clwb tebyg eich hunan—dyna'r stori, ac rydw i wedi llwyddo i gael gwahoddiad i chi i aros am wythnos yng Nghreigiau Duon i astudio gwaith y clwb lleol. Mi fyddwch chi'n mynd yno nos fory. Mae dawns i'w chynnal yno, ac mi fydd hyn yn gyfle i chi gyfarfod pwysigion y cylch. Oes gennych chi gwestiwn?'

Mi wyddwn o brofiad mai cau 'ngheg oedd orau i mi. Pe bawn i wedi gofyn rhywbeth mi fyddai wedi chwerthin am fy mhen.

'Dyna ni 'te. Eich gwaith chi fydd diogelu'r rhai sy'n dod i'r gynhadledd, canfod y drwg yn y caws, a gweld a yw Syr William yn rhan o'r peth neu a yw'r cyfan yn digwydd heb yn wybod iddo. Cofiwch ei fod o'n ddyn pwysig ac yn cael ei enwi fel y prif weinidog nesa. Mae un o'm dynion i, Llew Prys, yn y pentre eisoes—yn aros mewn gwesty yno. Fe ddylech chi fedru datrys y broblem a gorffen eich gwaith o fewn yr wythnos, dim ond i chi gadw'ch llygaid oddi ar y merched a'ch ceg oddi wrth y cwrw.'

Chwarae teg, roedd y Cyrnol yn mynd yn rhy bell ac yn creu camargraff ohonof. Hogyn mam ydw i, wedi fy magu'n wladaidd ar fara llefrith ac arogl tail gwartheg. Ond dyna fo, y Cyrnol ydi'r Cyrnol, ac y mae yna rai o'r hogiau'n dadlau bod ei galon yn y lle iawn.

Rydw i'n amau fy hun a oes ganddo fo galon o gwbl.

A dyma fi, ar fy ffordd i'r plasty ar ben y clogwyn, yn wynebu wythnos ddigon annifyr a dweud y lleia. Doedd dim dwywaith am hynny. Fedrwch chi ddim chwarae efo dyn pwysig fel Syr William heb losgi'ch bysedd. Byddai'n rhaid bod yn ofalus bob tro yr agorwn i 'ngheg gan y byddai ganddo bobl o'i gwmpas yn gweithio iddo ac yn ei warchod. A phwy oedd yn fygythiad i'r gynhadledd—ai Syr William neu rywun arall? Na, doeddwn i ddim yn edrych ymlaen at dreulio wythnos yng Nghreigiau Duon.

Safodd y car y tu allan i ddrws y plasty. Roedd y lle yn olau fel dydd ac wrth i'r gyrrwr agor drws y car mi ges gyfle i sylwi'n fwy manwl arno. Dyn bychan, cydnerth yr olwg oedd o, cymeriad digon hoffus mae'n rhaid gen i achos roedd hanner ucha'i glustiau wedi cael eu bwyta. Pan drodd i wynebu'r golau, gwelais fy mod i'n ei nabod. Sam Cyffin oedd o, un o focswyr penna'r wlad pan oeddwn i'n blentyn, a thipyn o arwr gen i yr adeg honno.

'Wel, wel, pwy fyddai'n disgwyl cyfarfod Sam Cyffin yma,' meddwn i, gan estyn fy llaw iddo. Roeddwn i'n falch o'i gyfarfod. Ond chymerodd o ddim sylw o gwbl; dim ond gafael yn fy mag, troi ar ei sawdl a cherdded i mewn drwy'r drws i'r plasty.

Roedd y cyntedd a'r neuadd yn ferw o bobl, rhai'n sefyll, rhai'n eistedd. Roedd pawb yn siarad ar draws ei gilydd a phawb mae'n amlwg wedi gwario ceiniog neu ddwy ar eu dillad. Roedd grisiau llydain yn dod i lawr i ganol y neuadd a dilynais y gyrrwr i fyny gan sylwi ei fod yn fyr ei wynt ymhell cyn cyrraedd y top. Prin y medrai sefyll un rownd o focsio erbyn hyn heb sôn am bymtheg. Ond ar yr un pryd dychmygwn y byddai ergyd gan un o'i ddyrnau mawrion fel cic gan ful.

Chymerodd neb sylw ohonon ni, a chyrhaeddais fy stafell ar yr ail lawr heb dorri gair â neb. Pwy fyddai'n meddwl bod peryg yn llechu mewn lle fel hyn? Roedd pawb yn edrych mor ddiniwed rywsut.

Allasai'r un brenin ddymuno gwell stafell na'r un y cefais i fy hun ynddi. Roedd sglein ar bopeth a'r dodrefn yn newydd a chwaethus, gydag anferth o wely, digon mawr i fyw ynddo, ar ganol y llawr. Roedd hi fel stafell yn un o westai Mr Hilton, er na fues i erioed yn yr un o'r rheini chwaith.

Daeth cnoc ar y drws.

'Dewch i mewn,' meddwn i gan geisio gwneud i'm llais weddu i'r stafell yr oeddwn ynddi.

Daeth merch ifanc felynwallt i mewn, merch ifanc ddel iawn. Ond dyna fo, rydw i'n denu rhai felly ata i fel y mae golau'n denu gwyfynod. Roedd hi wedi ei gwisgo mewn du a gwyn yn union fel morwyn mewn gwesty.

'Croeso i Greigiau Duon, Mr Jenkins,' meddai hi. 'Bethan ydi fy enw i, rydw i'n gweithio yma. Y fi ydi'r brif forwyn. Gobeithio y cewch chi bopeth wrth eich bodd.'

'Mae popeth wrth fy modd hyd yn hyn beth bynnag,' atebais innau gan wenu'n glên arni i ddangos mai fy nannedd i fy hun oedd gennyf.

'Mae gen i ddwy neges i chi,' meddai Bethan. 'Un gan Syr William, sy'n ymddiheuro ei fod o'n rhy brysur i'ch gweld chi heno. Ond mae Gwyn Lawrence yma ac fe wnaiff o edrych ar eich ôl. Y fo ydi arweinydd y clwb, ac fe a' i â chi i'w gyfarfod pan fyddwch chi'n barod.'

'Rydw i'n barod y funud 'ma.'

'A bron â llwgu, mae'n siŵr,' chwarddodd Bethan. 'Peidiwch â phoeni, mae 'na fwffe ar gael i lawr grisiau.'

'Be am yr ail neges?'

'O ie, mi fu bron i mi anghofio. Gan Llew Prys mae'r llall.'

Roeddwn i'n lwcus nad dannedd gosod oedd gen i neu mi fyddwn wedi eu llyncu. Sut y gwyddai rhyw groten fel hon am Llew Prys a'r cysylltiad rhyngom?

'Llew Prys,' meddwn i'n floesg. 'Ydych chi'n ei nabod o?'

'Ydw'n iawn, mae o'n selog iawn yn y clwb a phan soniais i wrtho eich bod chi'n dod yma, mi ddwedodd ei fod o'n eich nabod chi'n dda. Mae o eisiau i chi fynd i'w weld o heno tua un ar ddeg.'

'Un ar ddeg?'

'Ia, fydd o ddim i mewn cyn hynny. Mae o'n aros yng ngwesty'r Llong Aur yn y pentre.'

Roedd y cyfan yn swnio'n ddigon naturiol a dechreuodd curiadau fy nghalon arafu o gant a hanner i tua phedwar ugain.

Bu'r awr nesaf yn awr o fân siarad a bwyta sosejys ar ffyn. Mi fues i'n ysgwyd llaw gyda degau o bobl. Yn wir, mae gen i syniad go dda erbyn hyn sut mae'r frenhines yn teimlo ar ôl cael te bach yng ngardd Bycingham Palas.

Llanc ifanc, tal, merchetaidd oedd Gwyn Lawrence, arweinydd y clwb. Mi sylwais fod ei ewinedd wedi eu ffeilio'n ofalus a bod ei ddwylo'n wyn fel dwylo doctor. Roedd o'n deall yr ifanc i'r dim ac yn arweinydd da ar y clwb—neu felly roedd o'n dweud beth bynnag.

I hogyn o'r wlad roedd crandrwydd y lle yn

llethol. Roeddwn i'n falch o weld bysedd y cloc yn nesu at un ar ddeg. Ar y pryd roeddwn i wedi cael fy nghornelu gan ddwy wraig a fyddai, yn ôl yr olwg arnyn nhw, wedi marw erstalwm oni bai eu bod wedi eu piclo mewn sieri. Y tu ôl i mi yn rhywle roedd band yn chwarae tiwn hynod o ansoniarus a swnllyd. Dyna braf oedd cael dringo'r grisiau a chlywed yr holl ddwndwr yn tawelu a phellhau gyda phob cam. Erbyn i mi gyrraedd yr ail lawr roedd sŵn newydd wedi dod i'm clustiau—sŵn adnabyddus un o ganeuon pop y dydd: record o Huw Tryfan yn canu 'Fe Ddaeth yr Awr'. Cân am lofrudd yn aros i gael ei gosbi am ladd ei gariad oedd hon.

'Fe ddaeth yr awr,
Awr dial, awr gwae,
Awr talu'r pris, awr setlo'r cownt . . .'

Roedd y canu'n dod o stafell ym mhen pella'r coridor. Mi es at y drws i wrando. Roedd rhywun yn y stafell yn mwmian canu'n ddigon di-diwn efo'r unawdydd. Troais ar fy sawdl a mynd i nôl fy nghot a newid fy sgidiau. Ar y ffordd i lawr y grisiau mi gwrddais ddau arall o staff y tŷ a chlywais un yn dweud wrth y llall:

'Lwc owt, mae'r hen Farged yn chwarae'r gân yna eto. Mae rhywun yn siŵr o farw.'

Roedd hi'n braf cael cerdded allan o'r plasty a theimlo'r glaw yn oer ar fy wyneb. Doedd dim yn ffug yn hwnnw beth bynnag. Ymhell islaw ar y chwith wrth i mi gerdded i lawr y dreif, gallwn glywed rhu cyson y môr yn torri yn erbyn y creigiau ac, ar y dde, su y gwynt yng nghanghennau'r coed di-siâp a dyfai ar ochr y tir i'r plasty.

Doeddwn i ddim yn nabod Llew Prys yn dda. Tybed beth fyddai ganddo i'w ddweud? Rhywbeth pwysig, falle. Ond o leia mi fyddai'n braf cael siarad efo rhywun oedd yn gwneud yr un gwaith â mi. Tipyn o straen ydi bod ar eich gwyliadwriaeth bob awr o'r dydd ac actio'n normal drwy'r amser, hyd yn oed i mi! Does ryfedd bod cyn lleied o ysbïwyr yn byw i weld dydd eu pensiwn.

Roedd y pentre daith ugain munud da o'r plasty ac er ei bod yn glawio'n oer roeddwn i'n chwys diferol erbyn cyrraedd y gwesty. Rydw i'n siŵr na ŵyr y Cyrnol 'mod i'n medru chwysu, a phetawn i'n dweud wrtho fo fyddai o ddim yn coelio. Ond dyna fo, mae o'n credu nad oes neb yn y byd yn gweithio'n galed ond y fo.

Roedd drws y gwesty yn agored a golau yn y cyntedd er ei bod yn hwyr. Roedd y perchennog yn ei swyddfa yn cyfri arian a chefais fy nghyfeirio ganddo i stafell Llew Prys ar y llawr cyntaf. Curais y drws ond ddaeth dim ateb. Mae'n rhaid nad oedd Llew i mewn: deryn nos oedd o wrth gwrs, ond eto, ar ôl un ar ddeg roedd o wedi'i ddweud wrtha i am alw ac roedd hi'n hanner awr wedi erbyn hyn.

Doedd y drws ddim ar glo ac mi es i mewn gan bwyso swits y golau. Roedd Llew yn gorwedd ar ei wely'n cysgu'n drwm. Cerddais ato a'i ysgwyd, ond wnaeth o ddim deffro. Dim rhyfedd! Pan mae dyn wedi ei saethu yn ei dalcen mae eisiau rhywbeth mwy nag ysgydwad i'w ddeffro.

2. *Rhybudd Marged*

Does gen i fawr o gof am y daith yn ôl o'r gwesty i Greigiau Duon gan fod cymaint o gwestiynau'n gwau drwy fy meddwl. Rhaid i mi ddweud 'mod i'n un da am ofyn cwestiynau i mi fy hun. Y drwg ydi nad ydw i ddim cystal am eu hateb nhw. Roedd yn amlwg y gwyddai rhywun pwy oedd Llew Prys. Roedd hi'r un mor amlwg fod ganddo fo wybodaeth bwysig—gwybodaeth oedd wedi marw efo fo gan nad oedd wedi gadael na nodyn na dim ar ei ôl.

Wrth ddringo'r gelltydd serth i gyfeiriad y plasty daeth geiriau Mam yn ôl i'm cof—ei geiriau wrth i mi adael cartref am y tro cyntaf: 'Edrych di ar dy ôl dy hun yn iawn; wnaiff 'na neb arall, cofia.' Cyngor go dda a dweud y gwir, yn enwedig i un oedd yn mynd i weithio i'r Cyrnol. A'm diogelwch i fy hun oedd wedi bod uchaf yn fy meddwl ers imi ddarganfod corff Llew Prys. Ffŵl oedd o, rhaid ei fod o wedi bod yn ddiofal, wedi siarad gormod efallai ar ôl bod yn yfed, ac am ei fod o'n ffŵl roedd o'n farw. Mae hynna'n swnio'n ddideimlad mi wn; ond dydw i ddim felly cofiwch. A dweud y gwir, hen wlanen ydw i, ac roeddwn i'n benderfynol o fod yn fyw dros y Dolig tase ddim ond i weld be gawn i gan Santa Clôs. Ond, oni fyddwn i'n hynod o ofalus, mi allwn innau fod yn gorwedd ar wely a thwll bwled yn fy nhalcen cyn diwedd yr wythnos.

Ceisiais ymlid y syniad o'm meddwl ar unwaith cyn imi wneud i mi fy hun grio. Roedd gen i un broblem arall. Mi wyddwn na fedrwn i riportio'r llofruddiaeth i'r heddlu. Does gan y Cyrnol ddim byd yn eu herbyn nhw, meddai fo, ond mi fyddai'n haneru 'nghyflog pe bawn i'n cysylltu â nhw, ac mae hwnnw'n ddigon bychan yn barod. Ond mi allwn fod mewn dŵr poeth yn nes ymlaen gan fy mod wedi dangos fy wyneb hawddgar i berchennog y gwesty ac wedi gofyn iddo am stafell Llew. Fe fyddai'n siŵr o'm cysylltu efo'r llofruddiaeth a rhoi disgrifiad manwl ohonof i'r heddlu. O wel, doedd dim i'w wneud ond gobeithio'r gorau, gobeithio y byddai wedi colli'i gof neu ddianc o'r wlad neu rywbeth felly cyn y bore.

Dyna'r hyn oedd yn mynd trwy fy meddwl wrth imi brysuro'n ôl o'r pentre. A wnes i ddim sylweddoli ble roeddwn i nes i mi gyrraedd y dreif a chlywed miri'r plasty. Roedd y cwmni'n ffarwelio a thalu diolchiadau mewn lleisiau uchel i gyfeiliant teiars yn crensian a drysau ceir yn clepian. Doedd gen i ddim ffansi cael fy ngweld yng ngolau llachar hanner dwsin o geir, felly ciliais i gysgod coeden ar fin y dreif nes bod pob car wedi mynd heibio.

Roeddwn i ar fin camu'n ôl i'r ffordd pan glywais sŵn traed yn dynesu'n gyflym o gyfeiriad y plasty. Aeth Sam Cyffin heibio a'i wynt yn ei ddwrn, gan redeg fel pe bai o'n ymarfer ar gyfer gornest focsio. Ond mi wyddwn fod ei ddyddiau bocsio drosodd ers blynyddoedd. Roedd yr hen greadur wedi ei gynhyrfu gan rywbeth, gan ei fod yn siarad ag ef ei hun yn ddi-stop. Llwyddais i ddeall tri gair wrth iddo fynd heibio: '. . . trafferth . . . Dic Sgwnar . . .!'

Arhosais yng nghysgod y coed nes iddo gyrraedd y llidiart a throi i lawr i gyfeiriad y pentre. Yna cerddais yn hamddenol at y tŷ.

Lleia yn y byd sy gan rywun yn ei ben, tryma yn y byd y mae o'n cysgu, meddai'r Cyrnol. Wn i ddim ydi hynny'n wir ond mi gysgais i fel mochyn drwy'r nos, beth bynnag, er 'mod i'n cael y teimlad wrth fynd i'r gwely fod peryg ym mhob cilfach a bygythiad ym mhob cysgod o'm cwmpas.

Pan wawriodd y bore roedd heulwen wannaidd yn ymwthio drwy'r llenni a'r glaw a'r niwl wedi cilio'n llwyr. Dyma gyfle da i weld y lle yn iawn. Agorais y ffenest a phwyso allan. Doedd dim i'w weld ond y môr—ymestynnai o'm blaen yn wyrdd a gwyn nes cyffwrdd â'r awyr draw ar y gorwel. Clywn y tonnau'n torri ar y creigiau bron yn union oddi tanaf ond allwn i mo'u gweld. Rhwng y tŷ a'r môr roedd mur trwchus; doedd fy stafell i ddim digon uchel i mi fedru gweld drosto ond gallwn ddychmygu nad oedd dim y tu draw iddo ond creigiau. Sylwais fod grisiau yn arwain i ben y mur ac ar ôl gwisgo amdanaf es allan a dringo i'w ben.

Roeddwn i'n iawn. Roedd y plasty wedi ei godi ar fin dibyn a doedd dim yr ochr draw i'r mur ond creigiau garw, miniog, yn disgyn i lawr at ymyl y dŵr ganllath islaw. Ryw hanner milltir i'r dde roedd bae bychan ac yng nghysgod y bae, y tu hwnt i'r trwyn, ac felly o'm golwg i, llechai pentre bychan Abertwyni. Hanner y ffordd rhwng y plasty a'r penrhyn tir a guddiai'r pentre roedd adeilad pren wedi ei godi yn nannedd y creigiau ac yn crogi'n llythrennol bron uwchben y dŵr. Nid oedd ond llwybr troed yn arwain ato. Roedd creigiau ysgithrog, miniog yn iawn i wylanod, ond roedd yr olygfa'n fy ngwneud i'n benwan. Rydw i'n dioddef o'r bendro byth ers pan roddodd Mam fi i sefyll ar ben cadair i adrodd i bobl ddiarth erstalwm, felly mi drois fy nghefn ar y môr a syllu ar y plasty ei hun. Adeilad mawr, sgwâr, cadarn ei furiau oedd o. O'i flaen roedd gerddi eang, a dreif lydan yn arwain i lawr at y llidiart haearn wrth y ffordd fawr. Dyma'r unig fwlch yn y mur oedd o amgylch y plasty. Roedd Creigiau Duon yn debyg iawn i garchar.

'Rydych chi'n ddiarth yma.'

Daeth y llais o waelod y grisiau.

Edrychais i lawr ar hen wraig a safai yno yn pwyso ar ei ffon. Roedd hi fel hen wrach— ei gwallt yn fudr felyn, croen ei hwyneb wedi crebachu i gyd a'i dannedd bylchog yn dduon.

Cerddais i lawr ati gan wenu fy ngwên 'siarad efo hen bobl'.

'Ydych chi'n un ohonyn nhw?' holodd y wraig mewn llais crynedig gan edrych arnaf a rhyw olau rhyfedd yn ei llygaid.

'Na, dydw i ddim yn un ohonyn nhw,' atebais gan obeithio 'mod i'n dweud y peth iawn.

Plygodd ei phen ymlaen mewn osgo dweud cyfrinach.

'Yna ewch oddi yma ar unwaith, ŵr ifanc.'

'Pam hynny?' holais, yn awyddus i glywed rhagor, ac yn teimlo'n glên gan iddi fy ngalw i'n ifanc.

'Ewch oddi yma,' meddai drachefn. 'Ewch oddi yma cyn y daw dial.'

'Dial?'

'Mi ddaw dial arnyn nhw, coeliwch chi fi. Mae'r hen Farged yn gwybod.'

Daeth yn nes ataf gan syllu'n graff arnaf.

'Ydych chi'n un ohonyn nhw?'

'Na, dydw i ddim yn un ohonyn nhw.'

Trodd ar ei sawdl yn sydyn a herciodd ei ffordd yn ôl i'r tŷ.

Mi es innau i nôl brecwast a chael fod Bethan y brif forwyn yn aros amdanaf. Neithiwr roeddwn i wedi cael yr argraff mai geneth ifanc tuag ugain oed oedd hi, ond camgymeriad oedd hynny. Heddiw, yng ngolau dydd, gallwn weld nad oedd hithau— mwy na minnau—ymhell o gyrraedd ei deugain.

'Mae Syr William Meurig am eich gweld chi yn ei stafell am ddeg o'r gloch,' meddai hi. 'Mae ei stafell ar y llawr cyntaf yn union gyferbyn â'r grisiau.'

'O wel, mae yna obaith y bydda i wedi cyfarfod pawb sy'n byw yma cyn diwedd y dydd,' meddwn gan eistedd wrth y bwrdd brecwast.

Sylwais fod cysgod gwên ar wyneb Bethan.

'Rydw i'n deall eich bod chi wedi cyfarfod Marged,' meddai.

'Yr hen wraig? Do. Pwy ydi hi?'

'Mae hi'n meddwl mai hi ydi'r howscipar.'

'Dim ond meddwl hynny?'

'Mae hi'n llawer rhy hen a ffwndrus i gael cyfrifoldeb felly. Rhan o'r tŷ ydi hi mewn gwirionedd. Wyr neb ers faint mae hi yma, a does gan neb galon i'w throi hi ymaith.'

'Roedd hi'n sôn rhywbeth am ddial—ac amdanyn *nhw*.'

Chwarddodd Bethan, ac yna sobrodd yn sydyn.

'Mae'n stori drist a dweud y gwir. Roedd y tŷ yma'n wersyll carcharorion yn ystod y rhyfel, ac yn llawn o Almaenwyr. Roedd hi a'i mab yn gweithio yn y gegin. Un noson fe gollwyd y mab, a chafwyd hyd iddo drannoeth yn farw ar waelod y clogwyn. Roedd o wedi mynd allan a llithro ar y graig wlyb yn ystod y nos. Fe amharodd hyn ar feddwl yr hen wraig ac mae hi'n credu hyd y dydd heddiw mai un o'r carcharorion roddodd hergwd iddo dros y dibyn. Byth oddi ar hynny mae hi'n sôn amdanyn *nhw* ac am ddial. Ond rhaid i mi fynd. Cofiwch beidio â bod yn hwyr i weld Syr William. Mae o'n hoffi prydlondeb.'

Trwy amser brecwast mi fûm i'n meddwl am yr hen wraig ac am yr hyn ddwedodd Bethan am y ddamwain. Tybed oedd yna gysylltiad rhwng yr hyn ddigwyddodd flynyddoedd yn ôl a'r bygythiad i'r gynhadledd? Doeddwn i ddim hyd yn oed yn gwybod cynhadledd be oedd hi i fod. Ond dyna fo, un fel yna ydi'r Cyrnol. Dweud rhyw gymaint, ond byth yn dweud digon!

Am ddeg o'r gloch union cefais fynediad i stydi Syr William, y gŵr mawr ei hun. Roedd o nid yn unig *yn* ddyn pwysig, roedd o hefyd yn ddyn oedd yn gallu *edrych* yn bwysig. Eisteddai y tu ôl i ddesg fawr, desg oedd yn llwythog o bapurau a dogfennau.

Gŵr canol oed, crwn ei wyneb, a'i wallt yn britho ydoedd. Roedd ganddo sbectol a ffrâm ddu drwchus iddi, a chrychai ei dalcen fel pe bai holl broblemau'r byd ganddo i'w datrys. Wrth ei ochr safai Ralph Morris, ei ysgrifennydd preifat, gŵr ieuengach, teneuach na'i feistr. Gwisgai hwnnw got ddu a thrywsus streip, ac roedd pob plygiad yn ei le. Roedd ganddo yntau sbectol—un ac ymyl aur iddi. Mae'n syndod cymaint o bobl bwysig sy'n gwisgo sbectol. Rhaid i minnau feddwl am y peth—efallai y cawn i fwy o barch taswn i'n gwisgo un.

Cefais groeso digon cynnes gan Syr William mewn geiriau a glywyd lawer tro o'r blaen mae'n siŵr gen i, o'r 'gobeithio y byddwch chi'n mwynhau'ch hun yma' hyd y 'caniatâd i fynd a dod fel y mynnoch chi'.

Tra oedd o'n siarad roeddwn i'n astudio

Ralph Morris gan fy mod wedi dod i un casgliad yn syth—os oedd y fath beth yn bosib â bod Syr William yn gwerthu cyfrinachau i wledydd eraill, yna roedd hwn yn y busnes efo fo. Wn i ddim ydw i'n iawn, ond mi ges i'r argraff fod Ralph Morris yntau yn edrych arna innau gyda pheth diddordeb hefyd.

Treuliais weddill y bore'n crwydro o gwmpas—crwydro diamcan i bob golwg. Ond os oedd peryglon yn llechu yma, roedd yn bwysig i mi wybod fy ffordd o gwmpas y lle. A rhywfodd, er y gwyddwn i erbyn hyn nad oedd yr hen Farged yn ei llawn bwyll, roedd ei geiriau a'i rhybudd i fynd oddi yno yn mynnu aros yn y cof.

Ar ôl cinio roedd y pentre'n galw er 'mod i braidd yn nerfus o feddwl y byddai'n rhaid pasio'r Llong Aur. Ond doedd na siw na miw am y llofruddiaeth wedi cyrraedd Creigiau Duon, ac er i mi alw mewn dwy siop a chlustfeinio ar fwy nag un sgwrs breifat yn y pentre, chlywais i ddim sôn am y peth. Doedd fawr o fynd a dod o gwmpas y gwesty chwaith, na golwg fod yr un plismon yn agos i'r lle. Ond roeddwn i'n teimlo fel drwgweithredwr wrth gerdded heibio, a bu'n rhaid i mi ymladd y demtasiwn i redeg.

Cyn pen dim roeddwn i wedi cyrraedd yr

harbwr bychan lle'r oedd nifer o gychod yn siglo ar y llanw. Cychod bychain oedd y rhain i gyd, ond wrth y cei roedd clamp o iot bleser fawr—un newydd bron, a phopeth yn sgleinio arni. *Yr Afallen* oedd ei henw ac roedd yn amlwg mai cwch pleser dyn cyfoethog ydoedd. Rydw i'n cofio chwarae efo model tebyg iddi yn y bàth pan oeddwn i'n hogyn.

'Pnawn da,' gwaeddais ar y gŵr canol oed oedd yn brysur ar y dec.

'Pnawn da,' atebodd yntau gan godi ei ben i weld pwy oedd yn ei gyfarch fel hyn.

'Mae ganddoch chi iot arbennig iawn.'

'O, bobol bach, nid y fi piau hi. Iot Syr William Meurig ydi hon. Ond y fi sydd yn edrych ar ei hôl ac yn ei hwylio hi iddo fo.'

'O, felly. Dan Jenkins ydi'r enw. Rydw i'n aros yng Nghreigiau Duon.'

'Dic Tomos ydw i,' atebodd yntau. 'Dic Sgwnar mae pawb yn fy ngalw i.'

'Mi hoffwn i gael golwg iawn ar iot fel hon, fûm i erioed ar un debyg iddi. Ydi hi'n bosib i mi gael ei gweld hi?'

Cychwynnais dros y bont fechan o'r cei i'r cwch.

'Y . . . mi . . . y . . . gewch chi weld yr iot rywbryd eto, rydw i'n brysur braidd. Ac mi gewch chi drip ynddi hefyd. Mae Syr William yn gadael i mi ei hwylio hi pan fynna i. Be am bnawn fory? Mi fydd gen i amser i'w sbario bnawn fory.'

Roedd yr hen greadur wedi cynhyrfu a'i eiriau'n dod allan yn un cenlli ar ôl iddo dagu tipyn ar y dechrau.

'Popeth yn iawn,' atebais. 'Mi ddaw cyfle eto, a rydw innau ar frys braidd fel mae'n digwydd.'

Cerddais oddi wrtho ar hyd y llwybr a arweiniai heibio'r trwyn, ac i gyfeiriad y cwt pren a welswn o ben y mur. Ond ar ôl mynd o'r golwg mi drois yn fy ôl a chuddio yng nghysgod craig. Hen lwynog ydi Jenkins, hen lwynog llawn triciau. Does ryfedd fod gan y Cyrnol gymaint o feddwl ohono i!

Gwelais Dic Sgwnar yn croesi oddi ar yr iot ac yn cerdded yn gyflym i gyfeiriad y pentre. Mewn llai na dwy funud roeddwn i ar *Yr Afallen*—a hynny heb i neb fy ngweld. Roedd y drws a arweiniai i lawr i grombil y cwch wedi ei gloi wrth gwrs, ond fu Jenkins a'i fwndel o allweddau fawr o dro yn ei agor. Doedd Dic Sgwnar ddim yn awyddus iawn i mi weld y tu mewn i'r cwch. Pam tybed?

Fel yn y plasty roedd arwyddion cyfoeth yma eto ym mhobman, dim ond y gorau yn amlwg oedd yn ddigon da. Roedd digon o le yn yr iot i hanner dwsin o bobl i fyw'n gyfforddus a moethus am ddyddiau lawer.

Ond doedd dim o'i le yn hynny. Am beth roeddwn i'n chwilio? Wyddwn i ddim! Set radio, efallai? Rhyw arwydd fod y cwch yn cael ei ddefnyddio gan ysbïwr, neu i smyglo cyffuriau? Unrhyw beth amheus? Ond doedd dim yn anghyffredin yn y cwch, na dim i esbonio anniddigrwydd Dic Sgwnar.

Roedd grisiau eraill yn arwain o ben blaen y cwch i lawr i'w grombil isaf—y rhan oedd o dan y dŵr. Dringais i lawr y grisiau a dod at ddrws arall. Wedi un 'abracadabra' a thro gydag un o'r allweddau roedd hwn yn agored hefyd. Y fath newid! Ar y top, cwch miliwnydd, ond yma, llanast a budreddi, arogl olew ac arogl chwys. Arogl chwys fel pe bai nifer fawr o bobl wedi bod yno. Tynnais fy fflachlamp o'm poced ac edrych o gwmpas. Roedd canol y llawr yn wag ond o gwmpas yr ochrau roedd bocsys, parseli, rhaffau, drymiau olew—pob math o geriach cwch a'r cyfan yno yn y tywyllwch drewllyd.

Edrychais yn fanwl drwy'r cyfan. Yn y gornel o dan orchudd tarpolin trwm cefais hyd i gorff Llew Prys. Diffoddais y fflachlamp a chychwyn oddi yno ar frys. Roeddwn i wedi gweld digon. Ond yn sydyn uwch fy mhen clywais sŵn traed trymion rhywrai'n dod at y cwch!

3. *Y Mynach*

Sam Cyffin a Dic Sgwnar, dyna pwy oedden nhw. Mi nabodais eu lleisiau'n syth, a phan glywais i'r peiriant yn cael ei danio roeddwn i'n eitha siŵr 'mod i'n cael ymuno yn nhaith ola Llew Prys. Pe bawn i'n cael fy nal byddai'n daith olaf i minnau hefyd! Felly gwthiais fy hun i'r gornel y tu ôl i raffau a drymiau olew, a swatio yno ar fy nghwrcwd.

Cwch pleser oedd *Yr Afallen*. Cwch pleser yn wir! Mi fyddai mordaith mewn tun sardîns wedi bod yn fwy esmwyth nag oriau ar fy nghwrcwd yn ei grombil drewllyd. Roedd pob ton bitw yn gwneud i'r cwch grynu, a phob cryndod yn fy ysgwyd i waelod fy stumog. Ar ben hynny roedd yr arogl yn y lle'n llethol, a doedd cofio am y cwmni oedd gen i—corff marw Llew Prys—yn ddim help.

I feddwl 'mod i wedi bod yn ddigon ffôl pan oeddwn i'n iau i gredu y byddai bywyd llongwr yn fywyd rhamantus braf! Ond dyna fo, mae yna wahaniaeth rhwng cerdded dec leinar fawr swel a syllu ar y teithwyr siapus sy'n gorwedd yn yr haul rhagor na swatio fel llygoden fawr yng ngrombil drewllyd iot.

Ar ôl teithio am ryw hanner awr daeth y ddau i lawr i nôl y corff ac o'm cuddfan y tu ôl i'r drymiau olew ceisiais wrando'n astud ar bob gair o'u sgwrs, er bod fy stumog i erbyn hyn yn brysur yn codi i'm gwddw gyda phob ton oedd yn siglo'r cwch.

'Niwsans ydi hyn,' meddai Sam Cyffin wrth duchan ei ffordd i lawr y grisiau cyfyng i'r howld.

'Mi fydd yn rhaid i mi ruthro'n ôl erbyn pedwar i fynd â Syr William i ryw gyfarfod pwysig—a dod yn ôl mewn pryd at heno. Wn i ddim be sy wedi dod drosot ti! Pam na fyddai heno wedi gwneud y tro?'

'Ond roeddwn i'n deud wrthyt ti fod y boi Jenkins 'na bron â marw eisiau dod ar y cwch. Ac i be ond i chwilota a phrowla o gwmpas? Rydw i'n deud wrthyt ti mai ditectif ydi o!'

'Ditectif wir! Paid â siarad drwy dy het! Rhywbeth i'w wneud efo'r clwb ydi o—ffrind i Lawrence, ac os ydi o'n ffrind i Lawrence mae o'n saff.'

'Gobeithio dy fod ti'n iawn! Rydyn ni'n mentro'n bywydau—rwyt ti'n sylweddoli hynny, on'd wyt ti?'

'A mi rydyn ni'n cael ein talu'n dda am wneud hynny. Felly paid â grwgnach cymaint. Ty'd yn dy flaen i ni gael gorffen.'

Erbyn hyn roedden nhw wedi llusgo'r corff allan i ganol y llawr ac roedd y ddau wrthi'n rhwymo darn o haearn wrth ei goesau. Roedden nhw'n gweithio yng ngolau lamp drydan a doedd wiw i mi symud o'm cuddfan. Doedd ond gobeithio na fydden nhw'n fy nghlywed yn anadlu neu'n clywed gwrthryfel fy nghylla yn erbyn sigl diddiwedd y tonnau.

'Y mynach saethodd o, debyg,' meddai Dic Sgwnar tra llusgai'r ddau y corff at y grisiau.

'Pwy arall!' atebodd Sam Cyffin. 'Mi es i draw at y stablau gynta medrwn i ar ôl clywed y record a chael hyd i'r nodyn yn y lle arferol, nodyn yn sôn am y corff ac yn rhoi'r manylion am heno.'

'Faint o'r gloch heno?'

'Cychwyn allan am un ar ddeg fel arfer.'

'Ydi'r lorri'n barod?'

'Wrth gwrs ei bod hi. Wyt ti'n amau?'

Swniai Sam Cyffin braidd yn fygythiol.

'Nag ydw i, wrth gwrs, dim ond 'mod i eisiau bod yn siŵr. Mi fyddai popeth ar ben pe bai'r lorri'n torri i lawr.'

'Neu'r cwch yma. Gwna di'n siŵr fod hwn yn iawn, mi ofala innau am y lorri.'

Roedd geiriau Sam Cyffin yn derfynol.

Daeth sŵn tuchan a llusgo fel y ceisiai'r ddau gael y corff i fyny'r grisiau cyfyng i'r dec—corff oedd yn llawer trymach erbyn hyn am fod darn mawr o haearn ynghlwm wrtho. Pe baen nhw wedi gofyn i mi, mi fyddwn i wedi dweud wrthyn nhw am fynd â'r corff i'r dec i ddechrau ac yna rhwymo'r haearn wrtho. Ond wnaethon nhw ddim gofyn. Roedd hyn yn dangos yn glir, pa gynllwyn bynnag oedden nhw'n rhan ohono, na allen nhw fod yn cynllunio'r peth eu hunain. Allen nhw wneud dim ond derbyn ordors gan rywun arall.

Ond roedd y ddau yn ddynion cryfion ac ymhen pum munud roedd y corff wedi ei daflu dros yr ochr i'r dŵr. Yna cychwynnodd *Yr Afallen* yn ei hôl ar ei thaith i harbwr Abertwyni.

Roedd y gwynt yn codi a'r môr yn mynd yn fwy anesmwyth erbyn hyn ac ymhell cyn cyrraedd pen y daith roeddwn i wedi adrodd pob pennill a llinell fedrwn i eu cofio am hwylio o 'Fuoch chi 'rioed yn morio' i 'Ar fôr tymhestlog teithio rwyf'. Rhwng hynny a cheisio perswadio fy stumog nad yn fy ngwddw i yr oedd ei lle, fe aeth yr amser yn eitha sydyn.

Pan gyrhaeddodd *Yr Afallen* yn ôl i'r harbwr, arhosais i Dic Sgwnar a Sam Cyffin ei gadael cyn mentro o'r guddfan. Roeddwn i wedi hen gyffio ac roeddwn i'n teimlo fel hen ddyn wrth gerdded yn ôl i'r plas. Yn wir, roeddwn i'n meddwl na chyrhaeddwn i fyth yn ôl, ond cyrraedd wnes i. Mae Jenkins, rhaid i chi gyfadde, yn foi eitha ffit.

Wedi cyrraedd fy stafell edrychais arnaf fy hun yn y drych i wneud yn siŵr 'mod i'n dal yn fyw. Mam annwyl! Roedd fy wyneb i mor welw â phwdin siwet a'm llygaid wedi mynd yn fach fach fel llygaid mochyn dan annwyd. Ond roeddwn i'n fyw hyd yn oed os nad oeddwn i'n iach. Doeddwn i ddim fel Llew Prys. Roedd o erbyn hyn yng ngwaelod y môr a hanner tunnell o haearn yn ei angori yno. Roeddwn innau'n ddiogel yn fy stafell ac wedi dysgu cryn dipyn hefyd yn ystod y pnawn.

Gorweddais ar fy ngwely. Roeddwn i'n dal i deimlo'n sâl. Ond roeddwn i'n falch 'mod i'n medru cofio cymaint o'r hyn glywais i yn y cwch. Fe gawn y teimlad 'mod i wedi clywed llawer o bethau pwysig, er nad oeddwn i'n deall fawr ddim chwaith. Ac roedd y cyfan yn dechrau cymysgu blith draphlith yn fy meddwl . . . heno am un ar ddeg . . . y mynach . . . lorri . . . clywed record . . . neges yn y stablau. Y stablau? Wrth gwrs, yr hen adeilad bregus yr olwg oedd a'i gefn at y dibyn . . . garej erbyn hyn mae'n siŵr . . . chwilio'r garej . . . a gweld y mynach . . . a chlywed y record . . . record yn mynd rownd . . . a rownd . . . a rownd . . . a rownd . . . yr un fath â'r crac yn y nenfwd . . .

Deffroais yn sydyn. A deffro'n llwyr! Roedd

rhywun yn fy stafell! Tipyn o foi ydi Jenkins, mae'n rhaid i chi gyfadde—un funud yn cysgu'n anesmwyth a'r funud nesa'n effro a'i ben yn hollol glir! Wnes i ddim symud yr un gewyn, dim ond gorwedd yn llonydd ac anadlu'n drwm fel pe bawn i'n cysgu, yna agor fy llygaid yn araf, araf—dim ond y mymryn lleiaf rhag ofn i bwy bynnag oedd yn y stafell sylwi.

Yr hyn welais i oedd cefn llydan, cefn rhywun oedd yn prysur chwilio drwy'r dillad yn fy mag. Roeddwn i'n nabod y boi yn iawn. Gwyn Lawrence oedd o, arweinydd y clwb ieuenctid! Roedd fy mag dillad i'n un arbennig iawn ac fe fyddai'n rhaid iddo fod yn foi go glyfar i gael hyd i rywbeth heblaw dillad ynddo fo. Doedd o ddim yn foi clyfar! Rhoddodd y dillad yn ôl a chadw'r bag yn y gornel. Yna cerddodd yn ddistaw at y cwpwrdd dillad gan daflu cip sydyn i'm cyfeiriad i ar y gwely. Aeth drwy bob poced ym mhob dilledyn yn y cwpwrdd ond chafodd o fawr o lwyddiant yn y fan honno chwaith, ac ar ôl edrychiad pryderus arall i gyfeiriad y gwely aeth allan o'r stafell.

Mi lwyddais i ddal yn ôl rhag neidio o'r gwely ac ymosod arno cyn iddo fynd drwy'r drws. Mor hawdd fyddai ei daro ar ei ben. Mor hawdd fyddai ei ddal. Ond fyddwn i fawr elwach o wneud hynny. Pam tybed y daeth o i chwilio fy stafell? Oedd o'n amau rhywbeth ynteu gwneud yn siŵr roedd o mai creadur bach diniwed oeddwn i yn ymweld â Chreigiau Duon am fod gen i ddiddordeb mewn gwaith ieuenctid? Os hynny, yna fe ddylai fod yn fodlon. Doedd na chyllell na gwn i'w gweld ymhlith fy mhethau a'r unig beth ychwanegol wyddai o amdana i oedd fod gen i dri thei glas—a dydi hynny ddim yn gyfrinach.

Ond fe wyddwn i gryn dipyn mwy amdano fo. Fe wyddwn ei fod ar berwyl drwg. Fydd dynion gonest ddim yn mynd o gwmpas yn chwilio stafelloedd pobl. Er, mae'n rhaid i mi gyfadde 'mod i wedi gwneud fy siâr o hynny, a rydw i'n cyfri fy hun yn ddyn gonest. Yn fy ffordd fy hun.

Beth bynnag am hynny, mi fyddai'n talu i mi gadw llygaid ar y brawd Gwyn Lawrence. Ac am weddill y dydd mi fyddai hynny'n hawdd gan fy mod wedi trefnu i ymweld â'r clwb yn ei gwmni ymhen ychydig oriau.

* * *

Yr adeilad pren a welswn o ben y mur oedd man cyfarfod y clwb. Safai ar graig uwchben y môr, a'r llwybr cul o'r pentre heibio'r trwyn oedd yr unig ffordd ato. Roedd yr adeilad yn cynnwys un stafell fawr ar gyfer y cyfarfodydd a nifer o stafelloedd llai megis cegin a stafelloedd gwisgo. Roedd dros ddeugain o bobl ifanc yn y clwb ar y nos Wener yma ac roedd yn amlwg fod mynd da ar bethau. Rhaid i bob clwb ieuenctid llwyddiannus gael dau beth, medden nhw— arweinydd selog a merched del. Roedd y rhain ar gael yn y clwb hwn yn sicr. Wrth eistedd yn ôl i gael paned ac edrych o'm cwmpas hawdd oedd gweld bod Gwyn Lawrence yn arweinydd poblogaidd. Symudai o un twr o bobl i'r llall gan oedi i ddweud gair wrth bawb yn ei dro. Roedd digon o ferched del yno hefyd, a rhaid i mi gyfadde mai ar y rheini yr edrychwn i amlaf er 'mod i'n cofio hefyd y dylwn i gadw llygad ar Gwyn Lawrence.

Ar ôl y baned aeth pawb ati i glirio'r byrddau a'r cadeiriau a chyn pen dim roedd y llawr yn glir, record yn chwarae a phawb yn dawnsio. Tybed ddylwn i ymuno yn y ddawns? Roedd yn anodd penderfynu, ond tra oeddwn i'n meddwl am y peth daeth un o'r merched del ata i a gofyn i mi ddawnsio. Fedrwn i ddim gwrthod; a dweud y gwir doeddwn i ddim eisiau gwrthod chwaith.

'Meinir Puw ydw i,' meddai. 'Rydw i'n siŵr

y gwnewch chi faddau i mi am ddod atoch chi fel hyn. Gwyn ofynnodd i mi edrych ar eich ôl tra bydd o'n trafod rhyw fusnes efo rhai o'r aelodau.'

'Rydw i'n siŵr y bydd yn ddifyr iawn eich cael chi'n edrych ar fy ôl,' meddwn innau'n geg i gyd.

'Rydw i'n deall eich bod chi yma i astudio gwaith ieuenctid, Mr . . . ym . . . Jenkins?'

Mae'n dda 'mod i wedi cael gwersi mewn darllen gwefusau neu fyddwn i ddim wedi deall be ddwedodd hi. Roedd y miwsig mor uchel!

'Dan Jenkins. Galwch fi'n Dan. Ydw, rydw i yma am ryw wythnos. Mae gennych chi le da i glwb yma, ac arweinydd selog.'

'Mae Gwyn wrth ei fodd yn y gwaith yma.'

'Rydych chi'n swnio fel pe baech chi'n ei nabod o'n iawn.'

Roeddwn i'n swnio i mi fy hun fel ocsiwnïar yn gweiddi uwch brefiadau'r anifeiliaid.

'Rydyn ni wedi dyweddïo. Mi fyddwn ni'n priodi cyn gynted ag y cawn ni dŷ.'

'Oes rhyw obaith am hynny?'

'Wel, mae 'na stad o dai newydd yn cael ei chodi ryw ddwy filltir oddi yma, stad breifat—ond maen nhw'n dai mor ddrud. Mi fyddai'n wych o beth cael un ohonyn nhw, ond mae'r arian yn brin.'

'Ydych chi'n gweithio?'

'Ydw, mewn swyddfa yn y dre. Ond dydi'r cyflog ddim yn fawr. Mae Gwyn yn ffyddiog y gall o gael digon erbyn y bydd y tai'n barod, medde fo.'

Hwyrach fod gen i wyneb fel angel a chalon feddal, ond doedd arna i ddim awydd trafod problemau pobl eraill rywsut rhag ofn imi grio, felly dyma newid y stori.

O dipyn i beth, wrth ddawnsio ac eistedd efo hi bob yn ail mi ges hanes y clwb ganddi. Syr William Meurig oedd wedi dewis y llecyn ac wedi codi'r adeilad ar safle hen sièd oedd yno erstalwm. Rheol bwysica'r clwb oedd fod yn rhaid i bob cyfarfod ddod i ben am hanner awr wedi deg—a dim munud yn hwyrach. Roedd dwy lamp bentre yn goleuo'r llwybr ac roedd y rheini'n diffodd am un ar ddeg. Ychydig fisoedd cyn hynny roedd bachgen ifanc wedi llithro oddi ar y llwybr yn y tywyllwch ac wedi boddi yn y môr. Mynd adref o'r clwb yr oedd o ar y pryd, ac ar ôl y trychineb hwnnw y gwnaed y rheol.

Felly am hanner awr wedi deg union roeddwn i'n sefyll wrth y drws yn ffarwelio â hwn a gweiddi nos da ar y llall. Roedd diwrnod arall o fywyd normal pentrefol yn tynnu tua'i derfyn. Ac wrth sefyll a gwrando ar floeddiadau llawen yr aelodau ifanc yn gymysg â churiad cyson y môr ar y creigiau roedd yn anodd meddwl bod y drwg ar waith. Ond felly roedd hi—doedd y dydd ddim ar ben i rai pobl.

Roedd Gwyn Lawrence yn hir yn dod. Cerddais yn ôl i'r clwb i chwilio amdano a chlywais sŵn lleisiau yn dod o gyfeiriad y gegin. Y fo a Meinir oedd yno.

'Ond alla i ddim dod rŵan, Meinir. Mae'n rhaid i mi aros yma, mae gen i waith i'w wneud.'

'Os ydi'n well gen ti ddal ati i weithio na mynd â fi adre, popeth yn iawn, mi arhosa innau.'

'Na, wnei di ddim o'r fath beth.'

A oedd nodyn o banig yn y llais?

'Be sy wedi dod drosot ti'n ddiweddar 'ma? Wyt ti'n siŵr nad wyt ti ddim yn gwneud rhywbeth o'i le? Wyt ti'n siŵr nad wyt ti ddim mewn peryg?'

'Sawl gwaith sy eisiau deud nad ydw i ddim yn gwneud dim o'i le, a na, dydw i ddim mewn peryg. Ond mi fyddwn ni'n dau mewn peryg os arhosi di yma'n hwy. Dos.'

Ciliais i gongl dywyll a phasiodd Meinir Puw heibio a golwg anfoddog ar ei hwyneb. Roeddwn i rhwng dau feddwl wnawn i guddio fy hun yn y clwb ai peidio pan ddaeth Lawrence drwodd o'r gegin. Safodd yn stond.

'Mi ddois i'n fy ôl i edrych ble'r oeddech chi,' meddwn i'n ddiniwed rhag iddo gael yr argraff 'mod i wedi clywed y sgwrs.

'Gwell i chi fynd i Greigiau Duon eich hun,' atebodd. 'Mae gen i beth gwaith i'w wneud cyn cloi.'

'Oes rhywbeth alla i ei wneud i helpu?'

'Na, dim.'

Sylwais mor nerfus yr edrychai. Roedd ei lygaid aflonydd yn gwibio i bob twll a chornel.

Doedd dim i'w wneud ond mynd. Doedd wiw meddwl am guddio yn ymyl. Os oedd o ar berwyl drwg fe wnâi'n siŵr 'mod i wedi mynd yn ddigon pell. Felly bodlonais ar ei adael a cherddais yn hamddenol ar hyd y llwybr, drwy'r pentre ac i fyny at Greigiau Duon.

Pan gyrhaeddais i'r dreif roedd Sam Cyffin ar fin cau a chloi'r giatiau.

'Dim ond cael a chael,' meddai fo'n sychlyd. 'Mae'r giatiau i gael eu cloi am un ar ddeg bob nos o hyn allan—rhywun yn bygwth bywyd Syr William.'

Mi es ymlaen at y tŷ. Be oedd yn bod ar bawb heno? Gwyn Lawrence yn gwrthod mynd gyda'i gariad, a Sam Cyffin yn cloi'r giatiau! Penderfynais innau fod yn od a mynd i chwilio'r stablau cyn mynd i glwydo.

Ymlwybrais yn llechwraidd gyda'r wal i gefn y tŷ. Yn sydyn, pan oeddwn ar ei gyfer, agorwyd y drws cefn ac yn y golau safai person tal mewn gwisg laes at ei draed a chlogyn tywyll o gwmpas ei ben. Yr eiliad nesaf roedd y drws wedi ei gau drachefn a'r olygfa wedi toddi i'r tywyllwch. Dim ond am eiliad y digwyddodd, ond yn yr eiliad honno mi sylweddolais 'mod i wyneb yn wyneb â'r mynach.

4. *Yn y Tywyllwch*

Y mynach! O fewn tafliad carreg i mi! Oedd hi'n bosib i mi gael gweld ei wyneb? Oedd modd cael gwybod pwy oedd o? Beth bynnag oedd yn digwydd yng Nghreigiau Duon, pa ddrwg bynnag oedd ar droed yno, onid hwn oedd y pennaeth? Onid oedd Sam Cyffin wedi cyfeirio ato ar y cwch? A dyma fo—bron yn ddigon agos ataf i mi ei gyffwrdd!

Ond rhyngom roedd nos ddu— tywyllwch dudew heb na seren na gwawr awyr i dorri arno. Ac yn unigrwydd y tywyllwch hwnnw daeth ias o arswyd drosof. Y fi, Dan Jenkins, boi týff y Gwasanaeth Cudd, wedi fy fferru gan ofn! Roeddwn i'n sefyll yno yn y düwch ofnadwy heb allu symud llaw na throed, yn dychmygu'r mynach yn nesu'n fygythiol tuag ata i a'i fysedd oerion yn chwilio'r tywyllwch am fy mhibell wynt!

Am ba hyd y bûm i yno, wn i ddim, ychydig eiliadau mae'n debyg, ond teimlai fel oes. Yna daeth awel oer o'r môr i chwythu blas yr heli i'm hwyneb ac fe ddois ataf fy hun.

Fflachiodd fy chweched synnwyr y neges fy mod mewn perygl a theflais fy hun fel sach i'r llawr. Yn yr eiliad honno clywais fwled yn sïo uwchben ac yn chwibanu wrth adlamu oddi ar y mur y tu ôl i mi. Clywais y fwled, ond ni chlywais y glec na gweld y fflach!

Roeddwn i'n brifo drosof ar ôl disgyn mor ddiseremoni ond o leia roeddwn i'n fyw. Dianc oddi yno oedd y peth pwysig yn awr. Doedd y mynach ddim yn ymddwyn yn deilwng o'i wisg ac mi wyddwn na fyddai'n dangos fawr o gariad brawdol tuag ata i pe bai'n fy nal. Cofiais yn sydyn am y grisiau oedd yn arwain i ben y mur, a llusgais fy hun tuag atyn nhw, a'u dringo ar fy mhedwar. Gorweddais ar fy hyd ar ben y mur gan geisio gwasgu fy nghorff i mewn i'r cerrig. Doedd yno fawr o gysgod ond doeddwn i bellach ddim ar yr un lefel â'r mynach. Gwelais olau gwannaidd fflachlamp yn chwarae ar y llawr oddi tana i ac yn symud yn araf o un ochr i'r llall.

Mi wyddwn i'n iawn nad oedd hi ond mater o amser cyn y byddai'r golau hwnnw'n tywynnu arna i. Ac nid fflachlamp yn unig fyddai'n pwyntio ataf wedyn! Estynnais y gyllell oedd gen i mewn cas lledr ar fy nghoes. Tybed fedrwn i ei thaflu hi a tharo'r mynach? Allwn i anelu gyda help y fflachlamp oedd yn ei law? Ond mi wyddwn nad oedd gen i fawr o obaith o'i daro; roedd o'n rhy bell i ffwrdd a'r tebyg oedd ei fod o'n ddigon call i ddal y lamp i ffwrdd oddi wrtho.

Pe bai'n dod yn fater o ymladd yn y tywyllwch byddai'r gyllell yn gymorth mawr, ond fel roedd pethau, doedd hi'n dda i ddim.

Beth oeddwn i i'w wneud? I ble'r awn i? Rhyngof fi a'r tŷ roedd y mynach a'r tu ôl i mi, dyfnder du a dyfrllyd fedd.

Doedd ond un peth i'w wneud! Doedd ond un lle i guddio—ar ochr y môr i'r mur! Byddai'n rhaid i mi grogi gerfydd fy nwylo, a rhaid i mi gyfaddef bod y syniad yn fy ngwneud yn sâl. Allwn i wneud hynny? Cwestiwn ffôl, doedd gen i ddim dewis, a ches i fawr o amser i benderfynu chwaith! Roedd golau'r fflachlamp yn nesu bob yn fodfedd at y grisiau.

Llyncais fy mhoer, rhoddais y gyllell yn fy ngheg, ei dal rhwng fy nannedd a chymryd anadl ddofn. Yna gollyngais fy hun i lawr yn araf nes bod fy holl bwysau ar fy nwylo.

Doeddwn i ddim yn teimlo'n rhy ddrwg ar y dechrau, dim yn ddigon hapus i dorri allan i ganu, ond o leia doeddwn i ddim yn crio. Ceisio peidio â meddwl beth oedd oddi tana i oedd y gamp. Ceisio anghofio 'mod i'r bore hwnnw wedi syllu mewn braw ar y dibyn erchyll a'r creigiau ysgithrog islaw.

Roedd pob eiliad fel munud a phob munud fel awr. Edrychais i fyny gan ddisgwyl gweld y golau yn chwilio amdana i. Ond doedd dim yno. Daeth syniad ofnadwy i'm meddwl—beth pe bai'r mynach yn gweld fy nwylo? Beth wnâi o? Mi wyddwn i'r ateb cyn 'mod i wedi gofyn y cwestiwn. Fe fyddai'n eu gwasgu neu eu cicio nes fy ngorfodi i ollwng gafael.

Aeth munud arall heibio a dechreuais ofidio na fyddwn i wedi bwyta mwy o salad a llai o sglodion tatws. Roedd tair stôn ar ddeg yn ormod o bwysau ac roedd o'm sgwyddau i flaenau 'mysedd i'n ddwy fraich o boen.

Yna'n sydyn, yn gymysg â dwndwr y môr a su y gwynt clywais sŵn ysgafn uwch fy mhen a gwelais olau'r lamp yn chwilio amdana i. Ond roedd y golau'n pellhau erbyn hyn ac roedd yn amlwg nad oedd y mynach yn awyddus i dreulio gormod o'i amser ar ben y mur, a welwn i ddim bai arno fo am hynny. Clywais ef yn dychwelyd i lawr y grisiau nes i sŵn ei draed ymdoddi i sŵn y gwynt.

Arhosais yno am rai munudau cyn penderfynu ei bod yn ddiogel i mi dynnu fy hun i fyny yn ôl i ben y mur. Ond haws dweud mynydd na mynd drosto, ac roedd hi'n anodd perswadio fy mreichiau blinedig, briwiedig i'm tynnu i fyny. Ddwywaith mi lithrais yn ôl mewn anobaith gan feddwl yn sicr mai disgyn fyddai fy nhynged; teimlo'r bysedd yn graddol golli eu gafael ar ben y mur ac yn y diwedd yn llithro'n ddiffrwyth i lawr a minnau'n plymio i'r dyfnder du islaw lle byddai dannedd barus y creigiau'n llarpio fy nghorff a'r tonnau aflonydd yn ei anwesu.

Ond y trydydd tro bydd coel, ac ar ôl ymdrech oedd yn deilwng o Siwpyrman ar ei orau llwyddais i gyrraedd diogelwch y mur a gorwedd arno'n ddiolchgar gan deimlo lleithder y cerrig yn fy adfywio. Ymhell oddi tanaf clywn rwndi cyson y môr. Cana di faint fynni di, meddyliais, chei di mo dy swper heno.

Roedd cyrraedd fy stafell ar ôl profiadau'r tywyllwch fel dod at ffynnon ar ôl croesi anialwch. Teflais fy hun ar y gwely a theimlo'n ddiogel. Teimlo'n ddiogel er 'mod i'n dal mewn peryg! Roedd y mynach yn rhywle, roedd galluoedd y tywyllwch yn dal i ffynnu, ond roeddwn i'n teimlo'n ddiogel. Roedd digon o olau yma, ac o'm cwmpas ymhobman roedd pethau cyfarwydd bywyd bob dydd. Rydw i wedi cael y teimlad lawer gwaith o'r blaen—ac mae o'n deimlad peryglus i ddyn yn fy ngwaith i.

Mae'n debyg mai teimlo felly wnaeth imi benderfynu chwilio stydi Syr William cyn mynd i'r gwely. Roeddwn i'n amau fyddwn i rywfaint elwach ond roedd o'n rhywbeth roedd rhaid ei wneud yn hwyr neu'n hwyrach. Oedd Syr William o gwmpas tybed?

Ai fo oedd y mynach? Onid oedd yn eitha posib ei fod yn aros i mi dorri i mewn i'w stafell a bod trap yn fy nisgwyl? Ond fel y dywedais i, roeddwn i'n teimlo'n ddiogel a fûm i fawr o dro cyn cyrraedd y stydi. Wnes i ddim hyd yn oed cloi'r drws ar fy ôl, roedd o'n ormod o drafferth gan mai gyda darn o weiren roeddwn i wedi llwyddo i'w agor yn y lle cyntaf.

I bob golwg doedd y stydi hon yn ddim gwahanol i'r un stydi arall. Roedd popeth o bwys ynddi o dan glo wrth gwrs. Mi es o gwmpas y pedair wal gan eu curo'n ysgafn; roedd gen i ryw syniad y gallai fod llwybr cudd mewn hen blasty fel hwn. Ond roedd y waliau y tu ôl i'r panelau pren yn swnio'n ddigon cadarn.

Eisteddais yng nghadair Syr William gan edrych ar y pedwar drôr oedd yn y ddesg, ac roeddwn i'n ceisio penderfynu oedd hi'n werth imi geisio agor un ohonyn nhw a hwyrach adael olion ar y pren, pan agorodd rhywun y drws a rhoi'r golau ymlaen.

Caeais fy llygaid rhag y golau llachar sydyn a dychmygu bod rifolfer yn pwyntio ata i a Syr William neu Ralph Morris—neu'r mynach, yn sefyll y tu ôl iddo. Doeddwn i ddim yn awyddus i agor fy llygaid ond allwn i ddim eistedd fel taswn i'n dweud fy mhader drwy'r nos, felly dyma fentro a gweld, er fy syndod, nad oedd yr un rifolfer yn pwyntio ata i, na'r un gŵr bygythiol yn y stafell, dim ond hen wraig oedrannus, ffwndrus—yr hen Farged y bûm i'n siarad â hi y bore hwnnw.

Croesodd y stafell yn araf gan edrych i fyw fy llygaid.

'Helô,' meddai. 'Ydych chi'n gweithio yma?'

'Ydw,' atebais innau. Roedd golwg felly arna i a dweud y gwir—yn eistedd yng nghadair Syr William fel taswn i'n berchen y lle, ac wedi'r cwbl doeddwn i ddim yn dweud celwydd.

'Roeddwn i'n meddwl braidd. Rydw i wedi'ch gweld chi o'r blaen on'd do?'

'Roeddwn i ar ben y mur y bore 'ma.'

Daeth golwg wyllt i'w llygaid.

'Rhaid i chi beidio â mynd yn agos i'r creigiau 'na, mae'n beryglus iawn yno. Syrthio wnaeth o yntê?'

'Ie,' meddwn i gan swnio fel taswn i'n deall.

'Peidiwch â'u coelio nhw—cael ei wthio wnaeth o. Mi wn i. Syrthio, dyna maen nhw'n ddeud, maen nhw'n meddwl y gallan nhw daflu llwch i'm llygaid i. Ond allan nhw ddim. Mae'r hen Farged yn gwybod. Ond fe ddaw dial, o daw!'

Pwysodd ymlaen dros y ddesg.

'Dwedwch wrtho i, be ddaeth o'r plentyn?'

'Y plentyn?'

'Ie siŵr, y plentyn. Oedd 'na blentyn? Oedd, wrth gwrs fod 'na blentyn. Tybed . . .'

Gwthiodd law esgyrnog drwy'i gwallt gwyn, budur a safodd fel pe bai'n ceisio cofio rhywbeth. Yna pwysodd ymlaen drachefn.

'Ydych chi wedi gweld y lorri?'

'Lorri?' Roeddwn i'n swnio'n hurt, rydw i'n gwybod, yn gwneud dim ond ailadrodd ei gair olaf hi bob tro, ond dyna fo, un sâl ydw i am siarad efo hen bobl.

'Ie, lorri fawr werdd. Mae hi'n werth ei gweld. Rhaid i chi fynd i'w gweld hi.'

'Rhaid yn wir.'

'Yn y garej mae hi'n cael ei chadw—yr hen stablau. Lorri werdd grand ydi hi. Sam Cyffin sy'n ei dreifio hi. Ydych chi wedi'i gweld hi?'

'Naddo.'

'O, rhaid i chi fynd, mi fuasech chi'n ei hoffi. Clamp o lorri fawr werdd ydi hi.'

Daeth yr olwg ddryslyd yn ôl i'w hwyneb. Rhwbiodd ei thalcen â'i llaw ac yna trodd ei chefn a dechrau ymlwybro'n araf a llesg ar draws y stafell.

'Be am roi'r record ymlaen?' meddwn i'n sydyn i weld be fyddai ei hadwaith. 'Y record o "Fe Ddaeth yr Awr".'

Safodd yr hen wraig a throdd ei phen yn araf.

'Y record? Ond fedra i ddim chwarae'r record. Rhaid i mi gael y nodwydd i ddechrau.'

Siglodd ei phen yn araf o ochr i ochr fel pe bai hi'n tosturio wrtho i am fy mod mor dwp. Yna llusgodd ei thraed o gam i gam at y drws.

Mae'n rhaid gen i ei bod hi wedi anghofio'r cyfan am fy modolaeth cyn gynted ag y trodd hi ei chefn, achos mi ddiffoddodd y golau wrth fynd allan.

Roedd hi'n ddeng munud wedi hanner pan gyrhaeddais i'n ôl i fy stafell, amser i hogiau bach fod yn cysgu. Ond doeddwn i ddim yn teimlo'n gysglyd ac mi wyddwn, pe bawn i'n mynd i'r gwely, na chysgwn i ddim. Roedd yn rhaid imi geisio meddwl be oedd yn digwydd—a beth oeddwn i'n ei wybod.

Yn ôl y Cyrnol oedd wedi fy anfon i'r plas, roedd yna gynhadledd i'w chynnal ymhen ychydig ddyddiau. Ac roedd yna beryg i rai o'r bobl fyddai'n dod yno. Ond hyd yn hyn doeddwn i ddim wedi clywed neb yn sôn am gynhadledd. Roedd yna awgrym y gallai fod ysbïwr yn y plas hefyd—efallai Syr William ei hun. Ond doeddwn i'n gwybod dim am hynny chwaith.

Beth oeddwn i'n ei wybod 'te? Mi wyddwn fod Llew Prys wedi ei ladd. Fi oedd wedi dod o hyd i'w gorff yn y gwesty. Tybed oedd rhywun wedi bwriadu i mi ddod o hyd iddo? Os felly—pwy? Ai Bethan y forwyn? Go brin, er mai hi oedd wedi rhoi'r neges gan Llew imi i fynd i'r gwesty. Ond digon posib ei bod hi'n gweithredu ar ran rhywun arall. Byddai'n rhaid imi ei holi pan gawn gyfle.

Mi wyddwn i hefyd fod rhywbeth amheus ynghylch Gwyn Lawrence, arweinydd y clwb ieuenctid. Mi wyddwn fod yna hen wraig oedd yn sôn am ddial ac am rywun a daflwyd oddi ar y clogwyn i'r môr, ac am y record 'Fe Ddaeth yr Awr' oedd yn cael ei chwarae bob hyn a hyn. Ceisiais ddwyn i gof be oedd Sam Cyffin wedi ei ddweud am y record, ond fedrwn i yn fy myw gofio. Roeddwn i wedi clywed am y lorri werdd ac roeddwn i fy hun wedi clywed oglau chwys yn howld *Yr Afallen*, fel pe bai llawer o bobl wedi bod yno. Ac mi wyddwn hefyd am y mynach. Onid y fo oedd yr un pwysig? Y cwestiwn oedd—pwy oedd o?

Meddyliais drachefn am yr hyn ddywedodd yr hen wraig, Marged:

'Cael ei wthio wnaeth o . . . Be ddaeth o'r plentyn? . . . rhaid i mi gael y nodwydd cyn rhoi'r record . . . ydych chi wedi gweld y lorri . . . y lorri werdd?'

Breuddwydion a ffantasïau! Ac eto . . . Doedd ond un peth i'w wneud; mynd i'r hen stablau i weld drosof fy hun, ac os oedd lorri werdd yno, yna byddai'n rhaid i mi gymryd o ddifri bopeth a ddwedodd yr hen wraig.

Mi fyddai mynd i'r gwely efo potel ddŵr poeth a diod o lefrith cynnes wedi bod yn llawer gwell ar fy lles rwy'n siŵr, a dyna fyddai Mam wedi'i ddymuno i mi ei wneud. Ond y Cyrnol, nid Mam, oedd yn rheoli fy mywyd bellach, ac mi wyddwn be fyddai fo am i mi ei wneud.

Am yr eildro'r noson honno cychwynnais groesi'r llain o dir neb rhwng y tŷ a'r hen stablau, ac wrth fynd allwn i ddim peidio â meddwl tybed oedd y mynach yn aros amdana i'n rhywle i ddangos y ffordd i'r nefoedd i mi. Ond bwrw 'mlaen wnes i. Mi gaiff Jenkins fedal am ddewrder cyn diwedd ei oes mae'n siŵr!

Pan oeddwn hanner ffordd ar draws y buarth daeth sŵn i'm clustiau. Roedd y gwynt yn cario'r sain ac yn gwneud iddo swnio fel pe bai o'm cwmpas ym mhobman. Huw Tryfan oedd yn canu'r gân boblogaidd, 'Fe Ddaeth yr Awr'. Oedd yna ryw gysylltiad rhwng y ffaith 'mod i allan yn y fan honno a bod y record yn cael ei chwarae? Be oedd Sam Cyffin wedi'i ddweud amdani ar y cwch? Dyna drueni na fyddwn i wedi cofio yn lle cerdded fel y gwnes i mor ddiniwed i'r trap.

5. *Marwolaeth Arall*

Doedd drws y garej—y drws bach yn y drysau mawr dwbwl—ddim ar glo. Felly mi gerddais i mewn ar fy union gan wneud sŵn fel ceffyl dall yn taro tannau telyn. Os oedd rhywun yno o'm blaen i, hon oedd y ffordd orau i ddarganfod hynny! A dweud y gwir yn onest wrthych chi, rydw i'n meddwl bod yna lawer gormod o bwyslais yn cael ei roi ar gadw'n ddistaw. Rydw i wedi dod i'r casgliad hwnnw ar ôl blynyddoedd o brofiad personol ac o ddarllen llyfrau. Mor aml mewn llyfrau y cewch chi'r un peth yn digwydd—dyn yn mynd i mewn i dŷ gwag yn y tywyllwch a chadw'n berffaith dawel, heb wneud hyd yn oed y smic lleiaf o sŵn; tywyllwch dudew a distawrwydd perffaith ac eto mae 'na rywun yn ei golbio ar ei ben hefo pastwn. Anhygoel!

Mae'n amhosib cadw'n berffaith dawel, felly cymerwch chi gyngor gen i—fe'i cewch o am ddim—peidiwch â rhoi cymaint o bwyslais ar fod yn ddistaw mewn busnes fel hwn. Mae 'na lawn cymaint o fudd i'w gael o fod yn swnllyd a sydyn. Mae'r sioc rydych chi'n ei chreu yn aml iawn yn rhoi'r fantais i chi.

Rhywbeth felly oedd gen i mewn golwg

wrth blannu i mewn i'r garej fel huddugl i botes. A chan na saethodd neb ata i roedd hi'n weddol amlwg fod y lle'n wag a fûm i fawr o dro'n cadarnhau hynny. Yr unig beth byw welais i yng ngolau'r fflachlamp oedd pry copyn yn diflannu i dwll yn y wal.

Roedd hi'n garej eang efo digon o le ynddi i dri char o leia. Roedd 'na ddau ynddi—neu i fod yn fanwl gywir, roedd 'na gar a lorri wedi eu parcio ynddi. Y Rôls du crand y cefais i'r fraint o deithio ynddo o'r orsaf oedd y car, a Comer fechan oedd y lorri efo gorchudd tarpolin ar y tu ôl. Roedd Marged yn dweud y gwir—un werdd oedd hi, ac un weddol newydd yn ôl pob golwg. Edrychais ar ei rhif DST 16 J—blwydd oed oedd hi, felly. Y tu mewn iddi roedd dwy fainc hir, un o boptu, a'r rheini wedi eu sgriwio i'r llawr. Roedd tu mewn a thu allan y lorri'n berffaith lân.

Ar hyd un ochr i'r garej roedd mainc weithio eang yn llawn o offer o bob math ac fe es ati i chwilio a chwalu ymhlith yr offer. Wn i ddim i be chwaith gan fy mod i wedi gweld yr hyn oeddwn i ei eisiau, ac wedi darganfod bod yr hen Farged yn dweud y gwir am y lorri beth bynnag. Ac os oedd hi'n dweud y gwir am y lorri yna mae'n bosib ei bod yn dweud y gwir am bethau eraill hefyd.

Tra oeddwn i'n edrych ar yr offer ar y fainc

clywais sŵn o gyfeiriad y drws a diffoddais fy fflachlamp ar amrantiad a chuddio y tu ôl i'r car. Roedd rhywun wedi dod i mewn i'r garej ac roedd o'n cerdded yn llechwraidd yng nghysgod y lorri i gyfeiriad wal gefn yr adeilad. Symudais innau yng nghysgod y car i'r cyfeiriad arall. Doedd gen i ond un syniad yn fy mhen—anelu am y drws a'i gwadnu hi oddi yno gynta medrwn i. Dyma fi am yr eildro mewn llai nag awr yn chwarae mig efo rhywun yn y tywyllwch—rhywun oedd am fynnu rhoi terfyn ar fy mywyd yn y byd, a doeddwn i ddim yn cymryd at y syniad rywsut. Llwyddais i gyrraedd y drws yn ddiogel a rhoi fy llaw ar y glicied. Yna, mewn un symudiad gwasgais y glicied i lawr a hyrddio fy hun yn erbyn y drws gan ddisgwyl glanio'n iach y tu allan. Ond nid felly y digwyddodd pethau. Roedd rhywun wedi cloi'r drws! Yr eiliad nesaf sïodd bwled heibio fy mhen a disgynnais i'r llawr ar unwaith rhag ofn i'r fwled nesaf gael cartre tragwyddol yn fy ymennydd.

Chredwch chi ddim falle, ond doedd arna i ddim mymryn o ofn. Roeddwn i'n sylweddoli erbyn hyn ei bod hi'n amhosib i mi ddianc heb ymladd, ac roeddwn i'n dawel fy meddwl y byddwn i'n fistar corn ar unrhyw un fyddai'n ymosod arna i. Pan oeddwn i'n paratoi i ymuno â'r Gwasanaeth Cudd, y rhan orau o'r paratoi gen i oedd dysgu ymladd mewn lle cyfyng—mewn coridor, mewn trên, mewn stafell neu mewn garej debyg i hon. Cyfrwystra, nid nerth, oedd ei eisiau ac roedd gen i ddigon o hwnnw!

Mi fyddai Mam yn hanner fy lladd i pe bai hi'n gwybod 'mod i'n canmol fy hun fel hyn. Ond doedd gen i ddim amser i feddwl am bethau felly. Nid hanner fy lladd a fyddai'r boi oedd yn y garej efo fi pe bai o'n cael y cyfle, ond gorffen y job yn iawn!

Symudais yn ochelgar oddi wrth y drws i gyfeiriad y fainc weithio ac wedi ymbalfalu am ennyd cefais hyd i ddau ddarn o bren. Teflais un ohonyn nhw i'r gongl bellaf a chyn iddo daro yn erbyn y wal bron fe ddaeth ergyd arall. Dyna'n union roeddwn i'n ei ddisgwyl ac yn gobeithio amdano. Fe welais y fflach a gwyddwn yn awr fod y gelyn yn swatio ar gyfer y drws yng nghysgod cefn y lorri. Roedd yn bwysig cael gwared â'i wn; doeddwn i ddim yn hoffi gynnau mewn lle mor fach. Symudais nes 'mod i'n union y tu ôl iddo, ac wrth symud teflais ddarn arall o bren i'r gongl er mwyn ei gadw'n hapus. Atebodd yntau gydag ergyd arall—roedd y boi yn hoff o saethu mae'n amlwg. Ond yn awr roeddwn i ar ei warthaf ac yn ddigon agos ato i'w glywed yn anadlu'n fân ac yn fuan. Un cam arall ac roedd o o fewn hyd braich i mi.

Roedd gen i wn yn fy mhoced ac mi fûm i'n meddwl y byddai'n syniad da ei daro ar ei ben efo hwnnw. Ond siawns wael oedd gen i i'w daro yn y lle iawn yn y tywyllwch. Felly rhoddais lam ymlaen a hyrddio fy nghorff yn ei erbyn gyda'r fath rym a sydynrwydd fel y bu'n rhaid iddo ollwng y gwn o'i law. Clywais ef yn disgyn yn swnllyd i'r llawr. Fûm i erioed yn falchach o glywed dim na'r sŵn hwnnw.

Ond doedd gen i ddim amser i ddathlu nac i gynnal cwrdd diolchgarwch. Yr eiliad nesa roedden ni'n dau yng ngyddfau'n gilydd yn ymladd fel dau geiliog. Fe sylweddolais yn syth mai'r mynach oedd yno. Roeddwn i'n gallu teimlo defnydd garw ei wisg, ond doedd o ddim yn ymddwyn yn debyg i fynach. Roedd â'i fryd ar daro fy mhen yn erbyn ochr y lorri tra ceisiwn innau anwylo'i bibell wynt. Roeddwn i'n gryfach na fo ac er ei fod o'n ymladd fel llygoden mewn trap, yn gwingo a chrafu a chicio'n orffwyll bron, roedd pwysau fy mysedd i ar ei bibell wynt yn dechrau cael effaith arno a chlywn ef yn gwanio. Roedd fel pe bai'n gwybod ei bod ar ben arno fo ac roedd hynny'n ei wneud yn gryfach. Symudai o ochr i ochr gan geisio fy hyrddio yn erbyn y lorri, ond i ddim pwrpas, ac yn fuan iawn doedd o'n gallu gwneud dim ond ceisio crafu fy nwylo. Pan beidiodd hynny mi wyddwn ei fod o'n anymwybodol a gadewais iddo ddisgyn fel sachaid o datws i'r llawr.

Roeddwn i o fewn eiliadau i ddarganfod pwy oedd y mynach! Roeddwn i wedi ymgolli cymaint yn y syniad fel na chymerais sylw o gwbl o'r sŵn y tu ôl i mi. Yn wir, dim ond yn ddiweddarach y sylweddolais fy mod i wedi ei glywed. Tynnais fy fflachlamp o'm poced a throi'r mynach ar ei gefn ac roeddwn i'n mynd i oleuo'r fflachlamp ar ei wyneb pan glywais i awel oer a synhwyro bod rhywun yn sefyll y tu cefn i mi. Ond roedd hi'n rhy hwyr i wneud dim. Disgynnodd erfyn trwm ar fy ngwegil a chlywais rywun yn perfformio rhan o Gantata'r Adar rywle yn fy mhen cyn llithro'n anymwybodol i'r llawr . . .

* * * *

Mi fûm i am dros ddwyawr cyn dod ataf fy hun. Roeddwn wedi mynd i'r garej toc wedi hanner nos, a phan ddois ataf fy hun yn ddigon da i edrych ar fy wats roedd hi'n hanner awr wedi dau ac roeddwn i'n dal yn y garej. Mi wyddwn i hynny gan fod arogl petrol ac olew yn y lle. Roedd fy mhen i'n teimlo fel petai tîm Brasil wedi bod yn chwarae pêl-droed efo fo ac roeddwn i'n teimlo'n wan fel cath. Cefais hyd i'r fflachlamp ar y llawr yn fy ymyl ac roedd hi'n dal i weithio. Yn ei golau gwelais fy mod yn ymyl y lorri a chyda help honno llwyddais i godi ar fy nhraed. Bu'r ymdrech bron yn ormod i mi a bu'n rhaid i mi orffwyso a'm pen ar y bonet.

Daeth hynny â fi ataf fy hun yn gynt o lawer! Roedd y bonet yn gynnes! Tra oeddwn i yng ngwlad hud a lledrith roedd y lorri wedi bod ar daith i rywle! Ai dyna pam yr ymosodwyd arna i? Rhag ofn i mi weld be oedd yn digwydd? Roedd un peth yn gysur— roeddwn i'n dal yn fyw beth bynnag. Yn dal yn fyw er bod y gelyn wedi cael digon o gyfle i'm lladd.

Roedd drws y garej wedi'i ddatgloi unwaith eto a cherddais allan fel dyn meddw. Oedais wedi mynd allan er mwyn i'r awel oer gael cyfle i wasgaru tipyn ar y niwl oedd o gwmpas fy ymennydd. Mae'n syn fod gen i ymennydd ar ôl yr holl amarch mae o wedi'i gael dros y blynyddoedd. Am eiliad meddyliais am y Cyrnol yn ei glwb moethus a'i swydd fras. Ond mi rois i'r gorau iddi'n fuan iawn. Nid dyma'r adeg i fynd ar streic.

A doedd yr un undeb allai fy helpu yn y dryswch roeddwn i ynddo.

Roeddwn i'n teimlo beth yn well erbyn cyrraedd drws y plasty. Doedd y drws hwn ddim wedi'i gloi chwaith ac roedd golau yn y cyntedd. Fedrwn i yn fy myw beidio â meddwl bod rhywun yn garedig iawn wrtho i. Peth rhyfedd na fydden nhw wedi fy nghario i'm gwely.

Doedd neb o gwmpas, diolch byth; doeddwn i ddim am i Syr William Meurig feddwl bod ganddo alcoholic yn aros dan ei gronglwyd. Fûm i erioed yn falchach o risiau llydain i'w dringo gan fy mod i'n siglo o ochr i ochr fel corsen mewn gwynt. Na, chwarae teg, nid y fi oedd yn siglo, roeddwn i'n cerdded yn hollol syth. Y grisiau a'r muriau oedd yn symud o ochr i ochr fel llong ar fôr.

Wrth basio stydi Syr William clywais sŵn lleisiau. Roeddwn i bron â marw eisiau cyrraedd fy ngwely, yn hiraethu mwy amdano nag y bûm erioed. Ond mi wyddwn na fedrwn i ddim pasio heb aros i wrando. Felly dyna blygu i lawr wrth dwll y clo fel morwyn fach fusneslyd. Roedd gwynt oer yn dod drwy'r twll ac roeddwn i'n gobeithio na fyddwn i'n cael pigyn clust. Rydw i'n ofalus iawn o fy iechyd. Clywais lais Syr William:

'Dydyn ni erioed wedi gwneud dim byd

tebyg i hyn o'r blaen, Morris, ac mae'n bwysig cael llwyddiant.'

'Rwy'n siŵr y cawn ni, Syr William.'

'Ydi'r trefniadau wedi eu cwblhau?'

'Bron i gyd, syr. Mae 'na un neu ddau o bethau i ymorol yn eu cylch eto, ac mi garwn i fynd i Gaerwenlli efo'r trên tri fory os bydd hynny'n gyfleus?'

'Wrth gwrs, ewch ar bob cyfrif. Ond does dim rhaid i chi fynd ar y trên. Mi fydd y car ar gael. Gofynnwch i Sam eich dreifio chi yno.'

'Y . . . na, mi fydd y trên yn ddigon cyfleus i mi, Syr William.'

'Chi ŵyr. Ond cofiwch, mi fydd yn rhaid i ni fod yn hynod o ofalus nes bydd popeth drosodd. Mae gelynion o'n cwmpas ni ymhobman!'

'Mi wn i hynny, syr, ond rwy'n siŵr nad oes rhaid i ni boeni. Ydych chi wedi penderfynu be i'w wneud efo Jenkins eto?'

'Rwy'n meddwl mai gadael llonydd iddo fyddai orau ar hyn o bryd. Rwy'n credu, ond iddo gael digon o raff, y bydd o'n siŵr o grogi ei hun yn y diwedd. Ond mae'n hanner awr wedi dau, Morris ac yn amser gwely ers meitin . . .'

Arhosais i ddim rhagor! Roedd fy mhen i'n glir erbyn hyn ac wrth gerdded ar hyd y coridor dychmygwn glywed rhaff yn cael ei rhoi am fy ngwddw a'i thynhau'n araf, araf.

*   *   *   *

Pan gyrhaeddais i'r stafell fwyta fore Sadwrn daeth un o'r morynion ataf.

'Mae Syr William yn awyddus i chi gael brecwast gydag ef yn ei stafell, Mr Jenkins.'

Gorchymyn yn swnio fel gwahoddiad oedd hwn a dilynais y forwyn fach i stafell nad oeddwn wedi bod ynddi o'r blaen. Stafell fwyta fechan oedd hi gyda bwrdd mawr solet ar ganol y llawr a phedair cadair gefn uchel o'i gwmpas. Roedd un o'r cadeiriau'n wag a chefais fy arwain gan y forwyn i eistedd ynddi. Wrth y bwrdd gyda Syr William roedd Ralph Morris, ei ysgrifennydd preifat a Gwyn Lawrence, arweinydd y clwb ieuenctid. Yn eu gyddfau roedd fy niddordeb cynta i; roeddwn yn hollol sicr 'mod i wedi gadael olion fy mysedd ar wddw'r mynach y noson cynt. Os oedd hyn yn wir nid Syr William oedd y mynach beth bynnag, doedd ganddo fo ddim cleisiau ar ei wddw. Ond roedd Ralph Morris yn gwisgo coler wen uchel ac roedd gan Gwyn Lawrence grafát. Felly doeddwn i fawr elwach a fedrwn i ddim yn hawdd ofyn i un dynnu'i goler a'r llall ei grafát wrth y bwrdd brecwast o bobman!

Am waith ieuenctid y bu'r rhan fwyaf o'r sgwrs yn ystod y pryd bwyd. Gallai rhywun feddwl nad oedd yr un broblem ddyfnach yn poeni yr un ohonon ni na dyfodol y clwb a sut i ennill mwy o aelodau iddo. Fyddwn i ddim wedi cyfeirio at y pryd bwyd o gwbl oni bai am un peth a ddigwyddodd.

Gan mai hi oedd y brif forwyn, Bethan oedd yn gweini arnon ni ac roedd hi'n dechrau clirio'r bwrdd pan ddaeth cnoc ar y drws a daeth un o'r morynion eraill i mewn.

'Esgusodwch fi, mae Idris Huws, un o aelodau'r clwb, eisiau gweld Mr Lawrence.'

Cyn i neb gael cyfle i symud llaw na throed roedd bachgen ifanc wedi dod i mewn y tu ôl i'r forwyn, wedi gwthio heibio iddi a chroesi'r stafell at y bwrdd. Roedd golwg llawn cyffro arno, a chymerodd o ddim sylw o neb ond Gwyn Lawrence.

'Mi ddois i yma cyn gynted ag y medrwn i'r bore 'ma, Mr Lawrence. Neithiwr pan gyrhaeddais i adref o'r clwb roeddwn i wedi colli fy wats. Felly, ar ôl cael tamaid o swper mi es yn fy ôl ar hyd y llwybr i chwilio amdani. Wrth ddod i olwg y clwb mi welais i . . .'

Cyn iddo gael cyfle i ddweud rhagor neidiodd Gwyn Lawrence ar ei draed.

'Stafell Syr William ydi hon,' meddai gan dorri ar draws y llanc. 'Gwell i chi ddod i'r swyddfa i adrodd yr hanes. Mae'n ddrwg gen i, Syr William.'

'Popeth yn iawn, Lawrence, gadewch i'r bachgen ddeud ei gŵyn yma os ydi o eisiau.'

'Na'n wir, syr. Be mae swyddfa'n dda, yntê, ond i drin materion y clwb? Dowch, Idris.'

A chyn i'r bachgen sylweddoli, bron, roedd Lawrence wedi ei dywys allan o'r stafell. Aeth Syr William a Ralph Morris a finnau ymlaen â'n sgwrs ac aeth Bethan ymlaen â'i gwaith o glirio'r bwrdd.

Digwyddiad bychan digon digyffro efallai; ond yn ystod y bore bu'r hen Farged yn chwarae record Huw Tryfan o 'Fe Ddaeth yr Awr', a chyn amser cinio roedd Idris Huws wedi'i ladd mewn damwain ar y ffordd.

6. *Pryder Bethan*

Roeddwn i yn yr orsaf yn aros am y trên un pan glywais i'r newydd. Mi fyddai'n amhosib i mi gadw o olwg Ralph Morris mewn lle mor fychan ag Abertwyni, felly mi benderfynais mai mynd i Gaerwenlli o'i flaen ac aros amdano yno fyddai orau i mi.

Roedd un dyn arall yn y stafell fechan a chlosiodd y ddau ohonom mor agos ag y medren ni at y llygedyn tân oedd yn y grât er mwyn cadw'n gynnes. Dyn canol oed oedd fy nghydymaith—un o frid siaradus y byd hwn.

'Rydych chi'n ddiarth yn y cylchoedd 'ma?'

'Ydw.'

'Aros yng Nghreigiau Duon?'

'Ie.'

'Roeddwn i'n meddwl. Mae pawb diarth sy o gwmpas yr adeg yma o'r flwyddyn yn aros yno—neu yng ngwesty'r Llong Aur wrth gwrs.'

'Felly.'

Doedd fy atebion byr yn digalonni dim arno.

'Roedd y dyn diarth fu'n aros yn y gwesty'n ddiweddar yn lleidr wyddoch chi.'

'O?'

'Oedd. Mi aeth i ffwrdd heb dalu am ei le. Hen foi iawn hefyd. Rhywbeth Prys oedd ei enw fo. Ond dyna fo, wyddoch chi ddim pwy ydi neb y dyddiau yma.'

'Na wyddoch.'

Cafodd y dyn bwl cas o besychu ac roeddwn i'n gobeithio y byddai hynny'n rhoi taw arno. Dim gobaith! Aeth yn ei flaen yn fwy nerthol nag o'r blaen, fel rhedwr ar ôl cael ei ail wynt.

'Mi glywsoch am y ddamwain, debyg?'

'Naddo wir.'

Doedd gen i fawr o ddiddordeb ym mhroblemau pobl eraill ar y pryd gan fod gen i ddigon o'm problemau fy hun i feddwl amdanyn nhw.

'Biti garw, wyddoch chi, bachgen ifanc ac un selog hefyd. Beth bynnag fyddai'n cael ei gynnal yn y pentre yma mi allech fod yn siŵr y byddai Idris yno.'

Roeddwn i'n gobeithio na welodd y dyn fi'n codi fy nghlustiau fel sgwarnog ar ganol cae.

'Idris ddwetsoch chi?'

'Ie, Idris Huws. Mi gafodd ei daro i lawr efo car ryw ddwyawr yn ôl.'

'Bobol annwyl! Ydi o wedi brifo'n arw?'

'Mae o wedi'i ladd.'

'Wedi'i ladd! Sut ar y ddaear y digwyddodd y peth?'

'Does neb yn gwybod. Yn ôl y stori glywais i, rhyw ddyn gafodd hyd iddo fo ar ochr y ffordd filltir o'r pentre. Mae'n amlwg fod y car a'i trawodd o wedi mynd yn ei flaen heb aros.'

Daeth chwibaniad y trên o'r pellter i dorri ar y sgwrs cyn i mi gael cyfle i holi rhagor arno fo a chododd y ddau ohonom a cherdded allan i oerni'r platfform digysgod. Drwy ddefnyddio peth o'r cyfrwystra naturiol sy'n perthyn i mi, llwyddais i gael lle i mi fy hun ar y trên. Nid fod gen i ddim yn erbyn y dyn arall, rhag i chi feddwl 'mod i'n hen greadur anghymdeithasol, ond roeddwn i'n awyddus i gael llonydd er mwyn cymryd stoc o bethau.

Roedd y digwyddiad diweddara yma wedi fy ysgwyd, rhaid imi gyfadde. Ai'r hyn a welodd Idris Huws yn y clwb ieuenctid oedd achos ei farwolaeth? Roedd yn edrych yn debyg iawn. Rhaid ei fod wedi ei gythruddo'n arw cyn y byddai wedi mynd i drafferth i gerdded pob cam i Greigiau Duon i ddweud ei stori. Yn sicr roedd gan adeilad y clwb ieuenctid ei gyfrinachau a gorau po gyntaf i mi dalu ymweliad â'r lle.

Dim ond am ddwy noson a dau ddiwrnod roeddwn i wedi bod yng Nghreigiau Duon, ond yn yr amser hwnnw roeddwn i wedi casglu cryn dipyn o wybodaeth. Roedd yr wybodaeth honno wedi ei chymysgu blith draphlith yn fy meddwl, a cheisiais roi trefn ar bethau tra llusgai'r trên ar hyd yr arfordir i gyfeiriad Caerwenlli.

Roedd Llew Prys—cyd-weithiwr i mi yn y Gwasanaeth Cudd—wedi ei ladd a'i gorff wedi ei daflu i'r môr gan Sam Cyffin, gyrrwr Creigiau Duon a Dic Sgwnar, y gŵr a ofalai am gwch pleser Syr William. Rhaid bod Llew ar drywydd rhywbeth go bwysig a bod y gelyn wedi darganfod hynny. Tybed oedd o wedi cael gwybodaeth am y gynhadledd a'r bygythiad i'r gwesteion? Oedd o wedi dod o hyd i ysbïwr yn y plas?

A beth arall oedd yn digwydd yng Nghreigiau Duon? Beth am Gwyn Lawrence a'i glwb ieuenctid? Pam y chwiliodd o fy stafell i, a beth oedd o'n ei wneud yn y clwb ar ôl i bawb arall fynd adref? Ai fo oedd yr ysbïwr? Beth am Syr William a Ralph Morris? Roedd y ddau'n cynllwynio rhywbeth ac yn gwybod amdana i. Ai cynllunio rhyw ddrwg i'r gynhadledd yr oedden nhw? Pwy oedd y mynach, pennaeth y cyfan i gyd? Beth oedd arwyddocâd yr hen Farged a'i mwmblian diddiwedd am ddamwain ar y creigiau ac am blentyn? Beth am y record o 'Fe Ddaeth yr Awr' a'r digwyddiadau a ddilynai ei chwarae bob tro?

Ac yn awr, ar ben y cyfan, marwolaeth Idris Huws. Cyd-ddigwyddiad efallai? Prin.

Wedi gweld rhywbeth roedd y bachgen ac roedd yn rhaid cael gwared ag o. Cofiais yn sydyn i Meinir Puw sôn am ddamwain arall a ddigwyddodd ar ôl y clwb un noson pan lithrodd bachgen oddi ar y llwybr a boddi yn y môr. Tybed a oedd yntau wedi gweld rhywbeth na ddylsai?

Roedd gen i ddigon o gwestiynau i fod yn gyfrifol am arholiadau mewn ysgol uwchradd, ond doedd gen i mo'r atebion i basio'r arholiad symlaf un. Efallai y byddai dilyn Ralph Morris yng Nghaerwenlli yn rhoi rhai o'r atebion i mi. Ond doeddwn i ddim yn ffyddiog iawn o hynny chwaith. Eisteddais yn ôl yn gyfforddus a gadael i glecian cyson olwynion y trên ar y rheiliau fy suo i gysgu.

* * * *

Gorchwyl gweddol hawdd oedd dilyn Ralph Morris hyd strydoedd y dre. Roedd ei ddillad tywyll, ei fag lledr a'r ymbarél a gariai ar ei fraich, yn ei wneud yn ŵr amlwg yng nghanol siopwyr pnawn Sadwrn y strydoedd prysur. Roeddwn i'n weddol sicr nad oedd o wedi fy ngweld i yn ei ddilyn ac ni throdd yn ôl gymaint ag unwaith. Cerddai drwy'r bobl heb ymddangos ei fod ar frys ond ar yr un pryd roedd yn ei gamre y sicrwydd hwnnw sy'n perthyn i ddyn sy'n gwybod i ble mae o'n mynd.

Yn sydyn fe'i collais. Un funud roedd o yno'n dalog y tu draw i dwr o ferched parablus ar y palmant, a'r funud nesa roedd o wedi diflannu fel pe bai'r tylwyth teg wedi taflu eu mantell drosto. Ond doeddwn i ddim yn credu mewn tylwyth teg. Rhuthrais ymlaen i'r lle y gwelais ef ddiwetha ac edrych o'm cwmpas yn wyllt. Mi es drwy'r drws i siop fawr boblog oedd gerllaw ac edrych yno. Doedd dim golwg ohono'n unman ac fe suddodd fy nghalon i'm sodlau. Mi allai rhywun fod wedi fy nghyflogi am bunt yr wythnos y funud honno, dyna faint o feddwl oedd gen i ohonof fy hun.

Ond mi godais fy nghalon ryw gymaint pan sylweddolais fy mod wedi dysgu rhywfaint hefyd. Roedd yn amlwg y gwyddai Ralph Morris 'mod i'n ei ddilyn a'i fod o'n gwybod cryn dipyn o driciau'r gêm hefyd—plannu i mewn i siop fawr a chuddio yno neu fynd allan drwy ddrws y cefn.

Oedd, roedd Ralph Morris wedi condemnio'i hun ac wedi dangos, os oedd angen dangos o gwbl, nad oedd o ddim ar ochr yr angylion.

Cerddais yn araf ar hyd y stryd, fy mhen i lawr a'm meddwl ymhell—mor bell nes 'mod i'n taro yn erbyn rhywun o hyd.

'Dan!'

Clywais fy enw yng nghanol babel y lleisiau o'm cwmpas.

'Sut hwyl ers cantoedd, 'rhen Dan?'

Sefais yn stond ac edrych o'm cwmpas yn ddryslyd.

'Bob!' meddwn innau a'r un syndod yn fy llais i ag oedd yn ei lais yntau. Bob Ifans, cyfaill bore oes, oedd yno. Cyfaill nad oeddwn i wedi'i weld ers blynyddoedd a naturiol oedd inni fynd i westy cyfagos am bryd o fwyd a sgwrs.

Yn ystod y pryd bwyd mi ges beth o hanes Bob Ifans. Ar ôl crwydro o job i job roedd o wedi cael swydd gohebydd ar bapur newydd yng Nghaerwenlli—job oedd wrth ei fodd gan fod ganddo drwyn fel ffured am newyddion, yn enwedig newyddion cyffrous.

Mi ddywedais innau wrtho 'mod i'n gwneud gwaith ymchwil i blasty Creigiau Duon yn Abertwyni ac addawodd fy helpu i ymchwilio i orffennol y lle ac yn arbennig i hanes y ddamwain a ddigwyddodd yno adeg y rhyfel.

Doeddwn i ddim yn teimlo 'mod i wedi gwastraffu f'amser yn llwyr yn dod i Gaerwenlli er 'mod i wedi colli Ralph Morris. Mae cyfaill sy'n ohebydd papur newydd yn werth ei bwysau mewn aur ac roedd yn bosib y gallai Bob helpu cryn dipyn arna i.

* * * *

Roedd hi wedi hen dywyllu erbyn i mi gyrraedd yn ôl ar y trên saith a fi oedd yr unig deithiwr i ddisgyn yn Abertwyni. Ond y tro hwn doedd yr un car na gyrrwr yn aros amdanaf. Cerddais yn hamddenol i fyny'r ffordd i gyfeiriad y plasty a phan ddes i at y giatiau mawrion gwelais rywun yn cerdded i lawr y dreif i'm cyfarfod. Bethan oedd hi—prif forwyn Creigiau Duon.

'Rydw i'n falch imi daro arnoch chi. Roeddwn i am gael gair efo chi, Dan,' meddai a thinc o bryder yn ei llais.

Dan, sylwais, nid Mr Jenkins! Ddywedais i ddim byd a cherddodd hithau wrth fy ochr i fyny'r dreif.

'Mi fuaswn i'n licio tasech chi'n mynd o'r lle yma,' meddai mor nerfus â chath fach, nes bod ei geiriau'n rhedeg i'w gilydd.

'Gadael y lle yma?' holais innau mewn syndod. 'Diar annwyl, pam dylwn i?'

'Rydych chi mewn peryg yma.'

'Y fi mewn peryg!' Mi wnes fy ngorau i drio chwerthin yn naturiol ond doedd o ddim yn berfformiad gloyw achos mi wyddwn i'n iawn ei bod hi'n dweud y gwir.

'Pa beryg allai fod yn y fan yma?'

'Wn i ddim. Y cwbwl wn i ydi fod yna rywbeth rhyfedd iawn yn digwydd yma—rydw i'n clywed pethau yn ystod y nos.'

Oedd hi o ddifri tybed? Ceisiais edrych i fyw ei llygaid ond roedd ei hwyneb mewn tywyllwch. Roedd hi'n swnio'n ddigon onest beth bynnag, a doedd wiw imi chwerthin am ei phen.

'Sut bethau fyddwch chi'n eu clywed yn y nos, Bethan?' holais yn fy llais 'gofal tadol dros bobl eraill'.

'Sŵn ceir a lorïau'n mynd i lawr y dreif, sŵn sibrwd a symud o gwmpas yn y tŷ. A neithiwr mi glywais leisiau yn y coridor y tu allan i fy stafell—ac roedd pwy bynnag oedd yno'n siarad amdanoch chi ac yn deud bod yn rhaid cael gwared â chi!'

'Bobol annwyl! Oeddech chi'n nabod y lleisiau?'

'Nag oeddwn. Roedden nhw'n sibrwd a fedrwn i ddim meddwl am agor y drws i weld pwy oedd yno, roedd arna i ormod o ofn. Fedrwn i wneud dim ond swatio yn fy ngwely a rhoi'r dillad dros fy mhen.'

'Ydych chi'n siŵr nad breuddwydio'r pethau yma i gyd rydych chi?'

'Nage.'

Gafaelodd yn ffyrnig yn fy mraich.

'Arhoswch yma yng nghysgod y coed. Does gen i ddim eisiau i neb ein gweld ni'n siarad â'n gilydd, mi allai hynny fod yn beryglus.'

Roedd y greadures wedi dychryn am ei hoedl, a doedd dim darbwyllo arni.

'Rydw i'n gwybod bod rhywbeth ofnadwy yn mynd i ddigwydd yma. Fedra i ddim deud be, ond mi liciwn i tasech chi'n mynd oddi yma ar unwaith.'

'Ond pam rydych chi'n poeni amdana i?'

'Rydw i'n y . . . eich licio chi, ac mae arna i ofn 'mod i'n syrthio mewn cariad efo chi.'

Cyn i mi gael cyfle i feddwl am atebiad clyfar roedd hi wedi lapio'i breichiau'n dynn amdana i ac yn fy nghusanu'n wyllt.

Yna, yr un mor ddisymwth, fel pe bai arni hi gywilydd ohoni'i hun, dyma hi'n cerdded yn swta oddi wrtha i, ac i lawr y dreif i gyfeiriad y ffordd fawr. Ar ôl dod dros y sioc mi es innau'n araf i gyfeiriad y tŷ gan lawenhau nad oeddwn i wedi colli dim o'm hapêl at ferched.

Safai'r Rôls mawr du y tu allan i'r drws ffrynt a doedd yr un enaid o gwmpas yn unman. Tynnais fy fflachlamp o'm poced a chwilio blaen y car yn ofalus. Roedd tolc bychan yn y bympar blaen a thameidiau bychain o edau yn sownd yn y gril. Fyddai neb wedi sylwi arnyn nhw oni bai ei fod yn gwybod am beth y chwiliai.

Byddai'n rhaid gwneud llawer chwaneg o ymchwil ac arbrofion cyn y byddai'r dystiolaeth yma'n dal dŵr mewn llys barn, ond roedd o'n ddigon o brawf i mi mai hwn oedd y car a drawodd Idris Huws i lawr a'i adael yn farw ar ochr y ffordd.

7. *Cysgod y Gorffennol*

Does gen i ddim atgofion hyfryd iawn am yr unig ddydd Sul a dreuliais yng Nghreigiau Duon. Fe gychwynnodd y diwrnod o ddifri ryw hanner awr cyn cinio. Roeddwn i'n gorwedd ar fy ngwely yn fy nillad yn gwylio pry copyn bychan yn croesi'r nenfwd uwch fy mhen ac yn ceisio dyfalu faint oedd oed Bethan, pan ddaeth cnoc ar y drws a llais un o'r morynion yn galw:

'Ffôn i chi, Mr Jenkins—yn y stafell ar y chwith yng ngwaelod y grisiau.'

Wnes i ddim rhuthro, wedi'r cyfan nid fi oedd yn talu am yr alwad a doeddwn i ddim eisiau ymddangos yn rhy eiddgar i ateb er 'mod i ar dân i ddarganfod pwy wyddai 'mod i yng Nghreigiau Duon.

Caeais ddrws y stafell a gosod fy hun yn gyfforddus yn y gadair freichiau cyn codi'r ffôn.

'Helô, Jenkins.'

'Helô, Dan, Bob sy 'ma.'

Wrth gwrs, Bob Ifans y riportar. Roeddwn i wedi rhoi rhif ffôn Creigiau Duon iddo fo y diwrnod cynt.

'Rydw i wedi bod yn ymchwilio i hanes y plasty i ti, Dan.'

'Yn barod?'

'Do. Mi es i ati neithiwr i chwilio yn hen rifynnau'r papurau lleol adeg y rhyfel. Rydw i wedi cael tipyn o hanes y ddamwain.'

'Roedd yna ddamwain felly?'

'O oedd. Dyma'r stori i ti.'

Gwrandewais ar Bob Ifans yn adrodd y stori heb dorri ar ei draws o gwbl.

Yn ystod y rhyfel roedd Creigiau Duon yn wersyll carcharorion i swyddogion y fyddin Almaenig. Roedd gŵr o'r enw John Morgan yn gweithio yn y gwersyll ac roedd o a'i wraig a'u hunig blentyn—plentyn tua wyth oed—yn byw mewn rhan o'r plasty. Roedd y gŵr yn ofalwr yn y gwersyll a'r wraig yn gweithio yn y gegin. Un min nos oer, arw yn Rhagfyr 1944 fe aeth John Morgan am dro i lawr i'r pentre. O leia, dyna ddwedodd o wrth ei wraig cyn cychwyn. Ddaeth o ddim yn ei ôl y noson honno a thrannoeth fe gafwyd ei gorff ar waelod y creigiau. Roedd o'n mynd yn aml i'r Llong Aur a'r farn gyffredinol oedd fod y dyn druan wedi meddwi, wedi colli ei ffordd yn y tywyllwch ac wedi disgyn dros y creigiau.

Ond nid dyna'r stori i gyd. Roedd yn rhaid i bwy bynnag oedd am fynd allan o'r gwersyll ddangos ei gerdyn caniatâd i'r sentri wrth y llidiart, a byddai enw pawb yn cael ei gofnodi ar lyfr yng nghaban y gwyliwr. Yn ôl y llyfr hwnnw aeth John Morgan ddim allan y noson honno. Ond doedd neb yn rhoi fawr o bwys ar hyn gan ei fod yn arferiad digon cyffredin i beidio â chofnodi'r enwau. Fe roddwyd mwy o sylw i stori Marged y wraig. Fe daerai hi iddi fynd allan tua naw o'r gloch y noson honno ac iddi glywed ei gŵr yn ffraeo efo un o'r carcharorion. Roedd hi hyd yn oed yn gwybod pwy oedd y carcharor—Hans Petzold, gŵr oedd yn arfer bod yn gyfeillgar iawn â'i gŵr. Roedd hi'n rheol nad oedd yr un carcharor i fod allan o'i stafell ar ôl iddi dywyllu, felly'n naturiol ddigon fe fethwyd â phrofi stori'r wraig.

Ymhen y mis roedd hi a'i phlentyn bach wedi diflannu o'r ardal a wyddai neb i ble roedden nhw wedi mynd. Ond roedd amryw o'r ardalwyr yn dweud iddyn nhw weld y wraig fwy nag unwaith ar lannau'r môr ac ar y creigiau yn galw'n ofer am ei gŵr.

Dyna'r stori fel y cefais i hi gan Bob Ifans a chyn ffarwelio addawodd geisio canfod mwy o'r hanes.

Eisteddais innau a'r ffôn wrth fy nghlust am rai eiliadau. Roedd fy meddwl ymhell a'r hyn ddaeth â fi yn ôl i'r presennol oedd clic bychan ar y ffôn. Rhoddais innau'r teclyn i lawr a gadael y stafell. Doedd y sŵn glywais i'n ddim ond y clic lleiaf posib ond roedd o'n ddigon i ddweud wrtho i fod rhywun yng Nghreigiau Duon heblaw fi wedi clywed stori Bob Ifans.

Chefais i ddim amser i feddwl am y peth achos roedd cinio'n barod ac ar ôl bwyta mi benderfynais ei bod yn hen bryd mynd i chwilio adeilad y clwb ieuenctid. Roeddwn i'n barnu bod pnawn Sul gystal adeg â'r un i fynd i chwilio'r lle er 'mod i'n amau'n fawr a fyddai Gwyn Lawrence yn mynd i'r Ysgol Sul. Doedd o ddim yn fy nharo fel y teip rywsut.

Ond roedd yn hen bryd darganfod cyfrinach y cwt unwaith ac am byth. Felly i ffwrdd â mi yn dalog i lawr y ffordd a phan gyrhaeddais i'r pentre dyma fi'n darganfod 'mod i heb sigaréts, ac roedd pob siop wedi cau. Gan 'mod i'n dal yn slaf i'r arferiad dwl dyna droi i mewn i'r Caban Coffi i edrych oedden nhw'n gwerthu rhai yn y fan honno. Roeddwn i'n lwcus.

Tra oeddwn i'n sefyll wrth y cownter yn disgwyl newid daeth merch ifanc i mewn, eistedd wrth un o'r byrddau ac ordro coffi. Meinir Puw oedd hi, a chyn mynd allan mi es i gael gair hefo hi—o ran cwrteisi felly.

'Helô, Miss Puw,' meddwn i'n wên i gyd.

'O helô, Mr Jenkins.' Edrychodd i fyny'n sydyn pan glywodd fy llais. Sylwais fod ei hwyneb yn goch a'i hanadl yn fyr. Roedd hi wedi cynhyrfu.

'Fuoch chi'n rhedeg?' holais, gan estyn cadair ac eistedd wrth yr un bwrdd â hi er na ches i wahoddiad i wneud hynny.

Ei hunig ateb oedd cymryd llwnc o'r coffi.

'Oes rhywbeth o'i le?' holais yn glên, gan feddwl cymaint o golled gafodd meddygaeth pan benderfynais fod y cwrs yn rhy anodd i mi ei ddilyn. Mae gen i ffordd mor addfwyn efo pobl, mi fuaswn i wedi gwneud doctor da.

Cododd ei phen i edrych arna i, a dyna pryd y sylwais i ar y marciau cochion a'r cleisiau duon oedd ar ei gwddw.

Mi welodd yn syth 'mod i wedi sylwi. Roedd yn anodd iddi beidio gan fod fy llygaid wedi neidio fodfedd neu ddwy allan o'm pen.

'Mi ges ddamwain y noson o'r blaen,' meddai'n swta. 'Dydi o'n ddim o bwys.'

'Ydych chi'n siŵr na fu neb yn gwasgu ar eich pibell wynt chi?' gofynnais gan bwyso ymlaen yn ddramatig dros y bwrdd fel y mae actorion yn ei wneud ar y teledu.

Mi roddodd y cwestiwn sioc iddi'n sicr ddigon. Mi lyncodd ei phoer unwaith neu ddwy a chael coblyn o drafferth i wneud hynny hefyd.

Yn sydyn dyma hi'n dechrau crio. Wyddwn i ddim ble i roi fy hun. Mae'n gas gen i ferched yn crio. Roedd y bwrdd yn rhy fach i mi guddio oddi tano neu yno y baswn i'n syth.

'Rydw i wedi cael ffrae efo Gwyn,' meddai hi mewn llais bach, bach.

'Ffrae 'ta ffeit?' holais innau fel fflach a sylwi'r un pryd nad oedd hi'n gwisgo'i modrwy.

'Mi rois i hi'n ôl iddo fo neithiwr,' meddai, fel petai wedi darllen fy meddwl. 'Mi wylltiodd yn ofnadwy. Roedd o fel dyn cynddeiriog a mi fu bron iddo fo fy nhagu i.'

'Fo ymosododd arnoch chi, felly?'

'Ie. Mae o mewn rhyw fusnes drwg yn y lle yma, a rydw i wedi bod yn trio'i berswadio fo i adael. Wn i ddim be sy'n bod ond mae yna rywbeth o'i le, Mr Jenkins. Ydych chi ddim wedi teimlo hynny?'

Pwysodd ymlaen ac edrych i fyw fy llygaid.

'Ydych chi ddim yn meddwl mai mynd oddi yma fyddai orau i chi—ac i minnau?'

Yr arswyd fawr! Oedd hi eisiau i mi redeg i ffwrdd efo hi? Rhaid 'mod i'n dipyn o foi! Dyma'r ail ferch mewn pedair awr ar hugain i roi rhybudd i mi i adael y lle. Beth ynof i oedd yn denu merched, tybed? Fy wyneb hardd? Fy nghorff cryf? Fy sgwrsio diddorol falle!

'Fedra i ddim gadael ar hyn o bryd,' meddwn i. 'Mae arna i eisiau gwybod mwy am y clwb ieuenctid.'

'Ac mae yna lawer mwy i'w wybod am y clwb ieuenctid,' meddai hi gan bwysleisio pob gair.

Cododd yn sydyn.

'Rhaid i mi fynd. Rydw i'n teimlo'n well rŵan.'

A chyn imi gael amser i ffarwelio na dim roedd hi wedi cerdded yn osgeiddig rhwng y byrddau bach ac allan drwy'r drws.

Cerddais innau'n araf i lawr i gyfeiriad y môr ac yna ar hyd y llwybr at y clwb gan feddwl tybed ai damwain oedd i mi gyfarfod â Meinir Puw yn y fan honno. Ynteu rhywbeth bwriadol ar ei rhan hi oedd y cyfarfyddiad? Oedd hi eisiau i mi fynd i chwilio stafelloedd y clwb? Efallai 'mod i'n gwneud cam mawr â'r ferch ond fedrwn i ddim peidio cofio i mi hanner dagu'r mynach ddwy noson yn ôl, a phwy bynnag oedd o, roeddwn i wedi gadael ôl fy mysedd ar ei wddw.

*   *   *   *

Doedd yna fawr o ymgais wedi ei gwneud i guddio'r stafell oedd o dan y llawr yn adeilad y clwb ieuenctid. Dim ond rowlio'r leino yn ôl oddi ar lawr y gegin a dyna'r drws sgwâr taclus yn y golwg.

Dim ond gafael yn y ddolen fechan a thynnu a dyna'r drws yn agor. Yna, dringo i lawr grisiau pren a chyrraedd stafell eang gyda phanelau pren ar dair ochr iddi a chraig arw, ysgithrog ar yr ochr arall. O dan yr adeilad yn rhywle roedd y môr yn rhuo fel bwystfil cynddeiriog, a doedd o ddim yn sŵn cyfeillgar. Doedd dim dodrefn o gwbl yn y stafell ar wahân i dair neu bedair o feinciau. Meinciau yma! Meinciau yn y lorri werdd! Howld wag yn drewi o arogl chwys yn *Yr Afallen*. Doedd dim eisiau dyn clyfar iawn i ddod i'r casgliad fod busnes proffidiol iawn yn cael ei weithredu yma—busnes mewnforio pobl.

Roedd digon o dramorwyr yn fodlon talu arian am gael eu dwyn i mewn i'r wlad yn anghyfreithlon, yn enwedig ar ôl i'r llywodraeth gyfyngu ar y nifer a gâi ganiatâd i ddod. Roedd y gadwyn yn un hir mae'n siŵr—yn ymestyn o India a Phacistan ac India'r Gorllewin, ond roedd yn amlwg sut y gweithredai'r ddolen leol. *Yr Afallen* yn cyfarfod llong neu gwch allan ar y môr a'r bobl yn cael eu trosglwyddo iddi. Dod â nhw i'r clwb ac yna i ffwrdd o'r glannau yn y lorri werdd i Gaerwenlli neu ryw dref arall. Rhaid bod llwybr cudd o'r clwb i'r garej yng Nghreigiau Duon. Doedd hynny ddim yn beth anarferol gan fod y tŷ wedi ei adeiladu ar ymyl y clogwyn. Mae'n sicr fod smyglars wedi ei ddefnyddio rywdro.

Cofiais yn sydyn i mi glywed sŵn fel carreg fawr yn cael ei threiglo pan oeddwn i'n ymladd gyda'r mynach yn y garej ac i mi deimlo awel oer ar fy ngwar cyn i ergyd ar fy mhen fy suo i gysgu. Roedd rhywun wedi defnyddio'r llwybr cudd y noson honno.

Roedd y cyfan yn ffitio'n berffaith. Gorffen y clwb erbyn hanner awr wedi deg er mwyn sicrhau na fyddai neb o gwmpas i weld be oedd yn digwydd, dod â'r bobl i'r lan a'u harwain ar hyd y llwybr cudd i fyny i'r garej, yna eu cludo oddi yno yn y lorri. Cofiais fod bonet y lorri'n gynnes pan ddes i ata fy hun yn y garej, ac fe soniodd Bethan rywbeth am sŵn ceir a lorïau. Mor hawdd oedd gweithredu'r peth. Doedd dim traffig yn gorfod mynd drwy'r pentre i dynnu sylw neb. Ond roedd Idris Huws wedi colli ei wats, ac fe aeth yn ei ôl i chwilio amdani. Fe welodd beth oedd yn digwydd ac fe ddywedodd yr hanes—wrth Gwyn Lawrence o bawb—un o'r rhai oedd yn y busnes ei hun. Roedd ei dynged wedi ei setlo pan adroddodd ei stori. Ai dyna ddigwyddodd i'r bachgen arall laddwyd ar y creigiau? Ai gweld gormod wnaeth yntau?

Roeddwn i wedi datrys dirgelwch y clwb ond doeddwn i ddim yn llawen. Roeddwn i'n ddiflas, yn siomedig. Ai dyma'r cyfan oedd yn digwydd yma? Roedd o'n hen ddigon efallai— cynllwynio i ddod â phobl i mewn i'r wlad heb ganiatâd, llofruddio dau fachgen ifanc, ond materion i'r heddlu nid i'r Gwasanaeth Cudd oedd y rhain i gyd. Oedd fy ngwaith i ar ben cyn iddo ddechrau? Roedd eiliad o ystyried yn ddigon i roi'r ateb. Beth am y gynhadledd? Oedd, roedd mwy na hyn yn digwydd yng Nghreigiau Duon ac roeddwn i'n bendant fod a wnelo'r hyn oedd yn digwydd â stori John Morgan. Roeddwn i'n teimlo bod y gorffennol yn taflu'i gysgod dros bopeth. Ac wedi dod i'r penderfyniad hwn mi es ati gyda mwy o frwdfrydedd i chwilio am y llwybr cudd.

Gwaith hawdd i ddyn o'm gallu i oedd cael hyd iddo. Carreg fawr yn y graig oedd yr agoriad a symudai honno'n esmwyth wrth i mi roi fy mhwysau ar un ochr iddi. Goleuais fy fflachlamp a dringo'r grisiau garw, llithrig, i fyny drwy'r hollt yn y graig, dringo nes teimlo fy nghoesau fel plwm, dringo nes gorfod ymladd am fy anadl yn y lleithder afiach. A thrwy'r amser clywn y môr yn rhuo yng nghrombil y ddaear fel petai rhyw anifail mawr o'r cynfyd wedi ei gaethiwo yno.

Pan oeddwn ar fin diffygio'n llwyr cyrhaeddais y top. O'm blaen roedd drws—drws cadarn, solet a dolen fawr haearn ar ei ganol i'w agor. Fydda i ddim yn arfer mynd trwy ddrws heb guro'n gyntaf, ond welwn i ddim rheswm dros ddilyn yr arferiad hwnnw yn y lle yma. Rhoddais dro nerthol i'r ddolen ac er fy syndod agorodd y drws yn esmwyth ddigon a cherddais innau drwyddo i siambar danddaearol helaeth. Stafell gron a'i muriau a'i tho a'i llawr yn graig gadarn. Siambar ddigon mawr i rywun fyw ynddi. Ac roedd rhywun *yn* byw ynddi! Roedd yn llawn o ddodrefn salw a dillad a thrugareddau cegin blith draphlith ymhobman. Yn ymyl y graig ar un ochr roedd hen wely ffrâm haearn ac ar ganol y llawr roedd bwrdd yn llawn o lestri budron a gweddillion pryd o fwyd arno.

Wrth y bwrdd eisteddai Marged yr hen wraig yn bentwr blêr a'i hwyneb yn ei dwylo. Pesychais i dynnu ei sylw. Trodd hithau ei phen ac yna safodd ar ei thraed yn wyllt.

'John,' meddai gan ddod amdanaf, ei breichiau'n agored i'm derbyn.

'John, rydych chi wedi dod yn ôl. Ble ar y ddaear rydych chi wedi bod? Rydw i'n disgwyl amdanoch chi ers amser maith.'

Wnes i ddim ceisio'i darbwyllo nad John oeddwn i. Arweiniodd fi at y bwrdd a'm gosod i eistedd ar un o'r cadeiriau oedd yno.

Eisteddodd hithau i lawr gyferbyn â mi. Sylwais fod plât o'm blaen a gweddillion cinio arno. Roedd rhywun heblaw hi wedi bwyta cinio yn y stafell hon. Ar soser yn ymyl roedd stwmp sigarét ac roedd y stwmp hwnnw'n dweud llawer wrthyf.

Roedd yr hen wraig yn crynu gan gyffro.

'Rydych chi wedi dod yn ôl jest mewn pryd. Mae yna lwyth arall yn cyrraedd fory ac wedyn ddydd Mercher, dyna'r diwrnod mawr, y diwrnod rydyn ni fel teulu wedi edrych ymlaen ato fo, John.'

'Be sy'n digwydd ddydd Mercher?' holais.

'Wel, y te parti siŵr iawn, clamp o de parti mawr efo pobl bwysig ynddo fo. A phan fydd y te parti yn ei anterth mi fydd yr hen Farged yn chwythu'r lle i fyny nes y bydd o'n llanast a'r bobl bwysig i gyd yn ddarnau mân.'

Dechreuodd chwerthin gan ddangos ei dannedd ceimion melyn. Chwerthiniad isel cras i ddechrau yn codi'n raddol mewn sain a sŵn nes ei fod o'n llenwi'r siambar ac yn treiddio i bob congl dywyll yn y lle. Yno a'r creigiau tywyll, llaith oddeutu, a'r sŵn yn atseinio o bob cyfeiriad a golau sigledig y lantarn yn ysgwyd y cysgodion, roedd o'n brofiad arswydus. Daeth llygoden fawr o dwll yn y graig i edrych beth oedd y twrw a safodd yno yn y golau a dinoethi'i dannedd arnaf— dannedd melyn fel dannedd yr hen wraig. Yno trodd a diflannu yn ôl i'w thwll, ei chynffon hir yn cordeddu y tu ôl iddi fel neidr.

'Be am chwarae'r record?' gwaeddais yn wyneb yr hen wraig.

Am ennyd fach roeddwn i'n meddwl nad oedd hi wedi fy nghlywed. Yna'n sydyn swta distawodd y chwerthin aflafar ac edrychodd i fyw fy llygaid.

'Dydych chi ddim yn deall? Fedra i ddim chwarae'r record heb gael y nodwydd i ddechrau.'

'Ond mae'r nodwydd yn y gramaffon siŵr iawn,' meddwn i.

Ysgydwodd ei phen yn drist.

Yn sydyn estynnais fy llaw a gafael yn ei llaw hi. Torchais lewys blêr ei jersi ac ym mhatrwm croen ei braich gwelais be oedd ystyr y nodwydd a chefais esboniad ar yr olwg yn ei llygaid.

Tynnodd ei llaw o'm gafael.

'Rhaid i chi fynd. Fiw i chi gael eich gweld yma. Mae pawb yn meddwl eich bod chi wedi boddi. Ond mi wn i'n wahanol, o gwn. Pryd dowch chi eto?'

'Fory os mynnwch chi.'

'Ydi hi'n ddydd Mercher fory?'

'Nac ydi, dydd Llun ydi hi fory.'

'Fydda i ddim yma fory, mi fydda i yn y tŷ. Mae gen i dŷ hefyd wyddoch chi. Tŷ mawr nobl. Ond mi fydda i yma ddydd Mercher. Dowch ddydd Mercher, mi fydd yma hwyl. Mi fyddwch chi wrth eich bodd.'

Cododd ac aeth i agor y drws i mi. Roeddwn i'n awyddus i weld sut oedd mynd o'r siambar yma i'r garej, ond doeddwn i ddim am groesi'r hen wraig felly bodlonais ar ddychwelyd yr un ffordd ag y des i.

Yr hen wraig druan. Roedd hi'n wallgo, doedd dim dwywaith amdani. Ond roedd hi wedi sôn am y lorri, ac roedd honno'n bod. Roedd hi hefyd wedi sôn am de parti—y tro cyntaf imi glywed sôn am unrhywbeth tebyg i gynhadledd yn y lle.

Roeddwn i'n rowlio'r leino yn ôl dros y llawr yng nghegin y clwb pan glywais sŵn y tu ôl i mi. Sythais yn araf a throi fy mhen i gyfeiriad y sŵn. Safai Gwyn Lawrence yn nrws y gegin ac roedd y rifolfer oedd ganddo yn ei law yn pwyntio'n syth ata i.

8. *Ar y Llwybr*

'Rydych chi'n f'atgoffa i o ffowlyn yn barod i fynd i'r popty.'

Roedd o'n ddisgrifiad da. Yn wir, pe bai amgylchiadau'n caniatáu mi fyddwn wedi curo fy nwylo mewn cymeradwyaeth. Ond gan mai amdana i roedd o'n sôn, a bod y dwylo rheini wedi'u clymu'n dynn y tu ôl i fy nghefn, y cyfan fedrwn i ei wneud i ddangos 'mod i'n hoffi'r disgrifiad oedd gwenu, gan obeithio nad oedd o'n meddwl mai ysgyrnygu fy nannedd arno fo roeddwn i.

Mi wyddai Gwyn Lawrence sut i ddefnyddio rhaff! Roedd o wedi llwyddo i'm clymu'n ddiogel er ei fod o'n dal rifolfer yn un llaw ac yn fy ngwylio i fel barcud trwy gydol yr amser. Er yr holl ymarfer ges i cyn ymuno â'r Gwasanaeth Cudd mi fethais gael cyfle i roi blaen troed rhwng ei goesau na phenelin yn ei wyneb.

Roedd golwg ddirmygus arno fel y pwysai yn erbyn y drws yn edrych arnaf, a minnau'n gorwedd fel Twtancamŵn ar y llawr o'i flaen. Roedd o'n smocio sigarét mewn holdar hir ac yn chwythu'r mwg yn ferchetaidd rhwng ei wefusau. Bron na allwn glywed ei ymennydd yn tician fel y ceisiai feddwl am bethau clyfar i'w dweud.

'Be ydych chi'n feddwl ei wneud efo fi?' holais.

'Mi ddaw Dic Sgwnar a Sam Cyffin yma wedi iddi nosi ac mi gewch chi fynd ar fordaith—eich mordaith ola—ar *Yr Afallen*.'

Wnes i ddim ateb am funud. Pan mae rhywun yn cyhoeddi dedfryd marwolaeth arnoch chi mae'n anodd iawn meddwl am rywbeth clyfar i'w ddweud. Doeddwn i ddim yn poeni gormod chwaith achos roeddwn i'n meddwl y gallwn ddod yn rhydd dim ond i mi gael cefn Gwyn Lawrence. Nes i hynny ddigwydd roedd gen i gyfle da i gael mwy o wybodaeth gan fod pob dyn drwg yn dyheu am y cyfle i ddangos pa mor glyfar ydi o.

'Mae'n debyg mai'r mynach feddyliodd am y syniad yma o dorri'r gyfraith trwy fewnforio pobl i'r wlad,' meddwn i.

Gwelais ei wefusau'n tynhau. Doedd o ddim yn hoffi'r awgrym o gwbl.

'Y mynach wir,' meddai. 'Y fi feddyliodd am y cynllun yma i gyd. Y fi berswadiodd Syr William i adeiladu'r clwb yn y fan yma ar safle'r hen sièd a hynny ar ôl i un o'r bobl leol ddangos y llwybr cudd i mi. Mi welais y posibiliadau'n syth ac roedd Dic Sgwnar a Sam Cyffin yn ddau ufudd iawn. Fuon ni fawr o dro'n agor yr hen lwybr bob cam drwodd i Greigiau Duon.'

'Ond doeddech chi ddim yn fodlon ar fewnforio pobl o Bacistan ac India'r Gorllewin,' meddwn i. 'Mi fuo'n rhaid i chi gael gwerthu cyfrinachau'r Swyddfa Dramor hefyd—ac mae bod yn ysbïwr yn fater mwy difrifol fyth.'

'Na, nid y fi ond y mynach. Does a wnelo fi ddim ag anfon cyfrinachau dros y môr. Syniad y mynach oedd hwnnw, a doedd dim i'w wneud ond ufuddhau iddo fo er 'mod i yn erbyn.'

'Ufuddhau! Pam ufuddhau i'r mynach?'

Wnaeth o ddim ateb ar unwaith.

'Waeth i chi ddeud wrtha i ddim, gan na fydda i ddim byw yn ddigon hir i ddeud wrth neb.'

'Roedd yn rhaid i mi ufuddhau i'r mynach, roedd o'n gwybod gormod amdana i.'

'Tebyg i be?'

Wnaeth o ddim ateb y cwestiwn yma ar unwaith chwaith.

'O'r gore, mi helpa i chi i ddeud,' meddwn i. 'Rai misoedd yn ôl mi welodd un o'r bechgyn yr hyn oedd yn digwydd ar ôl oriau'r clwb. Mi aethoch chi ar ei ôl a'i wthio dros y graig i'r môr. Ei lofruddio fo, mewn geiriau eraill. Rydych chi'n llofrudd, Lawrence! Ydw i'n iawn?'

'Ydych.'

Sibrydiad oedd yr ateb. Mi fyddai rhywun yn meddwl mai fo oedd wedi ei glymu a minnau'n rhydd.

'Ac ar ôl hynny mae 'na rai eraill wedi gorfod diodde am eu bod nhw wedi gweld gormod—Llew Prys ac Idris Huws. Rydych chi'n llofrudd deirgwaith drosodd.'

'Na.'

Torrodd ei lais fel cri aderyn brawychus ar draws y stafell.

'Nid fi laddodd y rheini. Doedd o'n ddim i'w wneud efo fi. Y mynach oedd yn gyfrifol amdanyn nhw.'

Daeth sŵn i'm clustiau—sŵn un o'r distiau'n clecian ym mhrif stafell y clwb. Roedd Lawrence yn pwyso a'i gefn ar y drws ac yn nes at y sŵn na mi, ond chlywodd o ddim byd.

'Sut daeth y mynach i gysylltiad â chi?'

'Cael gorchymyn wnes i i ddod yma ryw noson i'w gyfarfod o—yn y tywyllwch.'

Gwelais ias o gryndod yn ei gerdded wrth iddo feddwl am y peth.

'Sut mae o'n rhoi gorchmynion i chi?'

Mi fydd yn gadael negesau mewn man neilltuol yn y garej, ac os ydi'r neges yn un bwysig, fel arfer yn un lle mae yna ladd i fod, mae o'n cael yr hen Farged i chwarae'r record.'

'Fe Ddaeth yr Awr?'

'Ie.'

'Pwy laddodd Idris Huws?'

'Sam Cyffin. Efo'r car.'

'Am ei fod o wedi gweld pobl yn glanio o'r *Afallen* pan ddaeth o'n ôl i chwilio am ei wats?'

'Ie.'

'Ond chi roddodd y gorchymyn i'w ladd o.'

'Nage'n wir!'

Roedd y creadur ar ei liniau bron mewn edifeirwch.

'A be am Llew Prys?'

'Y mynach ei hun laddodd hwnnw, ar ôl darganfod mai ditectif oedd o.'

'Mi fyddai'n well pe baech chi wedi gwrando ar Meinir Puw,' meddwn i, yn benderfynol o ddwyn ei henw hi i mewn i'r sgwrs.

'Ffŵl ydi honno. Mi fu'n rhaid i mi ddysgu gwers iddi.'

Unwaith eto daeth y sŵn o'r stafell nesa. Mi fuaswn i'n taeru bod rhywun am y drws â ni yn gwrando ar bob gair. Ond mae'n debyg mai dychymyg oedd yn chwarae triciau â mi a'm bod i'n disgwyl yn ofer i rywun fy achub. Roeddwn i wedi llwyddo i wasgu cryn dipyn o wybodaeth allan o Lawrence, ond roedd y cwestiwn pwysica i'w ofyn iddo eto. Ac roedd yn rhaid brysio—roedd o'n anesmwyth.

'Rhaid i mi fynd,' meddai gan droi i agor y drws. 'Mi fydd Sam Cyffin a Dic Sgwnar yma yn y man.' Roedd o'n swnio fel pe baen nhw'n bwriadu dod draw i swper.

'Rydw i'n synnu atoch chi,' meddwn i'n wawdlyd, 'yn derbyn gorchmynion gan rywun na wyddoch chi ddim pwy ydi o.'

Trodd yn ei ôl yn filain.

'Ond mi wn i pwy ydi'r mynach.'

'Choelia i fawr!'

'Rydw i'n deud y gwir.'

Roeddwn i wedi llwyddo i sathru ar ei falchder, ac roedd o ar fin dweud.

'Pwy?'

Fel roeddwn i'n gofyn y cwestiwn roedd sŵn ergyd yn diasbedain drwy'r lle a llithrodd yntau'n araf i'r llawr gan orwedd yno'n llipa a'i ben yn gorffwys yn erbyn y drws. Ceisiodd godi unwaith neu ddwy ond roedd ei ymdrechion yn ofer. Dechreuodd y gwaed dreiglo'n araf o gongl ei geg, pesychodd ddwywaith ac yna disgynnodd ei ben ar ei fynwes. Roedd Gwyn Lawrence wedi marw, ac yn y drws uwch ei ben roedd twll crwn y fwled a'i lladdodd.

Gwthiodd rhywun y drws yn agored gan symud y corff i'r ochr yr un pryd, edrychais innau i fyny'n eiddgar i weld pwy oedd wedi dod i'm hachub, er ei fod o wedi gwneud hynny eiliadau'n rhy fuan. Aeth fy nghalon i'm sodlau pan gerddodd y mynach i mewn.

Plygodd i lawr i archwilio Gwyn Lawrence ac ar ôl gwneud yn siŵr ei fod wedi marw safodd ar ei draed ac edrych arna i. Safodd fel delw. Doedd dim ond ei lygaid yn y golwg ac mi welais wallgofrwydd yn fflachio yn y rheini. Yn wir teimlais fwy o arswyd yr eiliad honno nag oeddwn i wedi ei deimlo ers blynyddoedd. Yna, trodd ar ei sawdl heb yngan gair, caeodd y drws ar ei ôl a chlywais sŵn ei draed yn cilio ar hyd y llwybr y tu allan.

*   *   *   *

Awr yn ddiweddarach roedd y chwys yn byrlymu i lawr fy wyneb a'm gwar, a'm dillad yn glynu i'm croen. Ond doeddwn i ddim yn rhydd. Roedd Gwyn Lawrence wedi bwrw'i brentisiaeth gyda'r sgowts yn ddigon siŵr. Fedrwn i lacio dim ar y rhaffau er gwaetha'r holl ymdrech. Be fedrwn i ei wneud? Doedd gweiddi'n dda i ddim, doedd neb o fewn cyrraedd i'm clywed.

Llusgodd awr arall heibio gan drymhau'r awyr a dyfnhau'r cysgodion. Roedd ochr fy nhrwyn yn cosi'n annioddefol ac mi fuaswn i wedi rhoi unrhywbeth am gael fy llaw yn rhydd i'w grafu. Ond diodde fu raid i mi.

Roedd storm yn codi o'r môr; chwibanai'r gwynt o gwmpas adeilad bregus y clwb gan ei siglo i'w sylfeini. Ddwyawr yn ôl prin y medrwn glywed sŵn y môr ond erbyn hyn roedd yn un trybestod fel y dôi'r llanw i mewn a'r gwynt o'i ôl. Roedd y tonnau'n bwrw'n ddidrugaredd yn erbyn y creigiau gan daflu cawodydd o ewyn cynddeiriog yn erbyn waliau a tho'r clwb. Daeth i lawio'n drwm toc wedi iddi dywyllu ac roedd y gwynt yn lluchio'r glaw yn hyrddiau yn erbyn y ffenest. Fe'm cefais fy hun yn hymian yr unawd 'Y Dymestl' nes i mi sylweddoli mor ddifrifol oedd fy sefyllfa. Yna, mi rois i'r gorau iddi'n syth. Mi fyddai llinell neu ddwy o'r 'Dead March' yn fwy addas.

Ymhen hir a hwyr agorwyd drws y clwb yn ddisymwth a daeth Dic Sgwnar a Sam Cyffin i mewn. Doeddwn i ddim wedi eu clywed yn dod oherwydd rhyferthwy'r storm. Edrychai'r ddau fel dynion ffordd yn eu cotiau a'u hetiau oel melyn, a rhedai'r glaw yn afonydd bychain i lawr eu dillad a chronni'n ddau lyn wrth eu traed.

'Mi ofalwn ni am y byw i ddechrau,' meddai Dic Sgwnar gan edrych i lawr ei drwyn ar gorff Gwyn Lawrence wrth y drws.

Croesodd Sam Cyffin ata i.

'Cwyd,' meddai'n swta.

Edrychais yn hurt arno.

'Cwyd, y cythrel di-ddeud, cyn i mi dorri dy 'sennau di.'

'Codi? Sut?' holais innau gan ddangos 'mod i wedi 'nghlymu'n sownd.

Camodd drosof a thorri'r rhaffau oedd yn clymu fy nghoesau. Clywais y boen yn saethu i flaenau fy nhraed wrth i'r gwaed ddechrau llifo'n ôl iddynt.

'I ble rydyn ni'n mynd?'

'I'r *Afallen*,' atebodd Sam Cyffin. 'Mi fydd yn rhaid aros yn yr harbwr tan y bore. Dydi hi ddim ffit i hwylio heno.'

Cerddodd Dic Sgwnar ar y blaen ar hyd y llwybr, minnau yn y canol a Sam Cyffin lathen neu ddwy y tu ôl i mi a gwn yn ei law. Doedd hi ddim ffit i gi fod allan y noson honno heb sôn am greadur delicet fel fi. Dim ond cot ucha ysgafn oedd gen i i wynebu holl lid y storm.

Roeddwn i wedi meddwl y cawn i gyfle i ymosod ar y ddau ar y llwybr ond roedden nhw'n cadw'n ddigon pell oddi wrthyf, ac roedd dianc yn amhosib. Ar y dde i'r llwybr roedd ochr serth yn diflannu i'r gwyll uwchben ac ar y chwith y creigiau miniog yn ysgyrnygu drwy'r ewyn oedd o'u cwmpas, fel dannedd ci cynddeiriog. Draw yn y pellter roedd goleuni'r harbwr yn wincio'n wannaidd drwy'r storm a thu hwnt iddo, golau rhes o dai yn swatio yn ymyl y dŵr. Bron na fedrwn i weld y teuluoedd ffodus yn gwrando ar y cynnwrf y tu allan ac yn closio'u cadeiriau'n ddiolchgar at danllwyth o dân.

Erbyn hyn roedden ni'n cerdded i ddannedd y storm. Curai'r glaw fy wyneb yn boenus oer a chipiai'r gwynt fy anadl. Fedrwn i arbed dim arnaf fy hun gan fod fy nwylo i'n rhwym y tu ôl i mi.

'Arhoswch!' Clywais y llais uwch rhu'r gwynt, a chlywodd Dic Sgwnar yntau. Dyma droi yn ôl a gweld trwy'r gwyll fod Sam Cyffin wedi aros. Roedd o'n pwyso yn erbyn craig yn ymladd am ei anadl. Roedd o wedi'i goncro'n llwyr gan y storm, ond wedi dod yn ddigon agos ato fo mi sylwais fod y rifolfer yn dal i bwyntio tuag ata i, ac er gwaetha'r gwendid roedd o ynddo roeddwn i'n siŵr fod ganddo ddigon o nerth ar ôl i wasgu'r triger.

Yn sydyn, tra safwn i yno mewn rhyw hanner breuddwyd, fe newidiodd pethau'n llwyr. O'r tywyllwch uwchben neidiodd rhywun i'r llwybr a tharo Sam Cyffin i'r llawr. Yr eiliad nesaf roedd y ddau'n ymladd yn wyllt ar y llwybr cul uwchben y môr.

Heb oedi dim dyma finnau'n troi ar fy sawdl ac yn anelu cic i gyfeiriad bol Dic Sgwnar, ond methu wnes i. Daeth amdana i fel creadur cynddeiriog gyda charreg fawr yn ei law. Pe bai'r garreg wedi disgyn ar fy mhen mi fyddwn i'n gorn bîff yn y fan, ond llwyddais i blygu ar yr eiliad ola ac aeth y garreg dros fy mhen. Anelais gic arall amdano fel maswr yn ceisio cicio gôl, a'r tro hwn llwyddais i daro'r targed. Clywais ef yn ochneidio a disgynnodd yn swp i'r llawr.

Ond boi týff oedd o. Daeth amdana i wedyn a dychmygwn weld ei ddwylo mawr yn hongian yn llipa wrth ei ochr. Doedd gen i ddim ffansi clywed y dwylo hynny'n cosi 'mhibell wynt felly mi symudais yn sydyn i'r ochr. Meddyliodd yntau fod cic arall ar ei ffordd a chamodd yn ôl. Ond doedd dim byd y tu ôl iddo ond gwacter. Yr eiliad nesa roedd ei sgrech oeraidd yn boddi sŵn y gwynt wrth iddo gael ei larpio a'i lyncu gan y tonnau gwancus.

Drwy'r amser y bûm i'n ymladd â Dic Sgwnar roeddwn i'n ymwybodol fod sgarmes yn mynd ymlaen y tu ôl i mi. Troais i weld be oedd yn digwydd ac roeddwn i mewn pryd i weld Sam Cyffin yn llithro'n araf dros ochr y graig i'r môr tra safai ei ymosodwr uwch ei ben. Goleuodd hwnnw fflachlamp ac yn ei golau gwelais yr hen focsar yn dod i'r wyneb a'i ddwylo'n crafangio'n ofer am rywbeth i afael ynddo. Yna fe'i tynnwyd dan y dŵr i ddyfrllyd fedd.

Am ennyd fer mi deimlais bang o chwithdod. Roedd yr hen Sam Cyffin wedi bod yn dipyn o arwr i mi yn y gorffennol ac roedd yn drist gweld ei oes yn terfynu fel hyn. Creadur sentimental ydw i cofiwch, a does dim rhaid cael nionyn i wneud i mi grio. Ond doedd dim amser i fecso llawer. Roeddwn i'n awyddus i weld pwy oedd wedi fy achub.

Cerddodd i'm cyfarfod.

'Nos da, Mr Jenkins.'

Doedd dim modd camgymryd y llais swyddogol parchus, hyd yn oed yng nghanol storm. Ralph Morris!

*   *   *   *

Ralph Morris yn gweithio i'r Gwasanaeth Cudd! Un o driciau'r Cyrnol eto—rhoi dau i weithio ar yr un achos a chadw'r naill heb wybod am y llall. Roeddwn i'n teimlo'n annifyr braidd 'mod i heb weld drwy'r cynllwyn. Ond roeddwn i'n cysuro fy hun fod yr un peth yn wir am Ralph Morris. Roedd o wedi meddwl 'mod i'n un o'r gelynion nes i'r Cyrnol ei oleuo pan aeth i'w weld i Gaerwenlli. Roedd o wedi amau 'mod i mewn trybini gan nad oeddwn i ar gael amser swper ac fe ddaeth i lawr at y clwb i chwilio amdana i, chwarae teg iddo fo.

Erbyn i ni gyrraedd yn ôl i Greigiau Duon roedden ni wedi rhannu pob gwybodaeth oedd ganddon ni. Wn i ddim faint callach oedden ni'n dau chwaith. Doedden ni ddim nes at ddarganfod pwy oedd y mynach. Gwir fod tri wedi eu lladd i dynnu'r nifer i lawr, ond gallai'r mynach fod yn un ohonyn nhw. Roedd Ralph Morris yn tueddu i gredu mai Dic Sgwnar oedd o, ond roeddwn i'n amau hynny fy hunan. Nerth corfforol, nid gallu meddyliol, oedd gan Dic Sgwnar.

Mi ges wybod un peth pwysig ganddo fo beth bynnag. Roedd cynhadledd i'w chynnal yng Nghreigiau Duon ddydd Mercher— cynhadledd ar y Farchnad Gyffredin, cyfarfod o gynrychiolwyr llywodraeth bron bob gwlad yn Ewrop. Roedd y gynhadledd hon wedi ei threfnu ers misoedd ond wedi ei chadw'n gyfrinach er mwyn diogelwch yr aelodau. Roedd y cynrychiolwyr yn aros yng Nghaerwenlli ar y nos Fawrth ac yn teithio i Greigiau Duon erbyn dau o'r gloch ddydd Mercher. Addawodd Ralph Morris y cawn weld rhestr o'r rhai oedd yn dod i'r gynhadledd er na welwn i fawr o bwrpas yn hynny.

Mi es i 'ngwely ar fy union ar ôl cyrraedd y plasty gan fod gen i gleisiau dan fy llygaid ac mi fyddai Mam yn poeni'n arw pe bai hi wedi fy ngweld. Ond fedrwn i ddim cysgu, dim ond hel meddyliau a cheisio dyfalu pwy oedd y mynach. Roedd Sam Cyffin, Gwyn Lawrence a Dic Sgwnar wedi eu lladd ac roedd Ralph Morris yn gweithio i'r Gwasanaeth Cudd. Doedd ond Bethan y forwyn, Syr William a'r hen Farged ar ôl—rhestr fer ddigon tila a dweud y lleia, yn enwedig gan fod Ralph Morris yn bendant nad Syr William oedd y dyn drwg. Yr unig bosibilrwydd arall oedd ei fod yn rhywun oedd yn gyfan gwbl y tu allan i'r lle.

Roeddwn i'n bendant fod rhywbeth mwy na dwyn cyfrinachau a mewnforio pobl yn anghyfreithlon yn digwydd. Ac roedd y rhywbeth hwnnw i'w wneud â'r gynhadledd. Ond be? Daeth cnoc ar y drws a daeth morwyn â rhestr y cynrychiolwyr i mi gan Ralph Morris.

Edrychais yn ddioglyd ar y rhestr gan deimlo cwsg o'r diwedd yn trymhau f'amrannau. Yna'n sydyn roeddwn i'n effro fel y dydd drachefn. Roeddwn i wedi cyrraedd at gynrychiolydd yr Almaen yn y gynhadledd—ei enw oedd Hans Petzold!

9. Cam Gwag

Hans Petzold yng Nghreigiau Duon! Yr Hans Petzold fu yma'n garcharor ac yn ôl pob tebyg a wthiodd John Morgan dros y creigiau, tybed? Dim peryg! Y tebyg oedd bod yr Almaen yn berwi o Hans Petzolds bach a mawr—fel John Jones yng Nghymru. Cyd-ddigwyddiad oedd hyn a dim arall. Ond cyd-ddigwyddiad neu beidio, fedrwn i ddim cael gwared o'r enw. Mi fu o flaen llygaid fy meddwl i drwy'r nos; ar sgrin setiau teledu, yn fflachio mewn goleuadau tanbaid uwchben ffenestri siopau, o dan luniau mewn papurau newydd. Ac roeddwn i'n meddwl 'mod i'n colli arnaf fy hun o ddifri pan freuddwydiais i rywdro cyn y bore 'mod i'n ffonio rhywun ac nad oedd enw neb yn y llyfr ffôn ond Hans Petzold.

Rhaid 'mod i'n rhyw fath o broffwyd, achos y peth cynta ddigwyddodd i mi pan ddeffrois ar ôl noswaith yng nghwmni'r brawd o'r Almaen oedd galwad at y ffôn.

Bob Ifans oedd yno gyda pheth gwybodaeth ychwanegol am y ddamwain adeg y rhyfel; adroddiad o'r cwest, tystiolaeth y tafarnwyr lleol nad oeddyn nhw wedi gweld John Morgan y noson honno, ac un ffaith arall ddiddorol iawn—ffaith a'm gyrrodd yn ôl i'm stafell yn edrych mor ddifrifol â phe bawn i newydd gael fy newis yn flaenor. Ac yn fy stafell y bues i am y gweddill o'r bore yn eistedd ar y gadair wrth y gwely yn pendroni ac yn edrych fel llofrudd mewn llys yn aros i'r barnwr gyhoeddi'r gosb.

Dydw i ddim yn meddwl 'mod i wedi canmol fy hun wrthoch chi ers tro, felly rwy'n siŵr y maddeuwch chi air bach i'r perwyl hwnnw. Rydw i'n amau'n fawr oes 'na rywun cystal â fi—yn sicr does neb sy'n well—am nodi a storio ffeithiau bychain yng nghefn y meddwl, pethau bach sy'n ymddangos yn gwbl ddibwys ar y pryd ond sy'n aml, o'u galw i gof, yn ffurfio patrwm perffaith.

Dyna fues i'n ei wneud yn nhawelwch fy stafell—ail-fyw y cyfan oedd wedi digwydd i mi er pan gyrhaeddais i Greigiau Duon a chofio rhyw sylw bychan wnaed mewn sgwrs, rhyw ffaith fechan nodais i ar y pryd a chysylltu'r cyfan â'r wybodaeth ges i gan Bob Ifans. A dweud y gwir, er 'mod i'n canmol fy hun fel coblyn, roeddwn i'n cicio fy hun yn ddistaw bach na fyddwn i wedi meddwl am y peth yn gynt ac wedi holi Bob Ifans fy hun. Ond dyna fo, fedra i ddim meddwl am bopeth. Cyn diwedd y bore, fodd bynnag, roeddwn i bron yn sicr 'mod i'n gwybod pwy oedd y mynach a'r cyfan oedd yn rhaid ei wneud i gadarnhau neu wrthbrofi'r ffaith oedd chwilio un stafell arbennig yn y plasty.

Mi orffennais fy nghinio o flaen pawb gyda'r esgus fod gen i gur yn fy mhen. Gadewais y stafell fwyta a dringo'r grisiau ddwy ris ar y tro gan mor eiddgar yr oeddwn i weld a oeddwn i'n iawn ai peidio. Ond roedd yn rhaid ymbwyllo a dringais y grisiau i'r trydydd llawr un ris ar y tro ac yna cerdded yn hamddenol ar hyd y coridor nes cyrraedd y trydydd drws ar y chwith. Yna cnocio'n ysgafn a gwrando am atebiad. Dim smic—doedd neb i mewn. Roedd y drws wedi ei gloi ond wrth gwrs doedd hynny'n ddim rhwystr i mi—roeddwn i wedi llwyddo i'w agor o cyn i chi ddweud 'buwch goch gota'—tasech chi eisiau dweud peth mor wirion.

Mi es ati'n gyflym a distaw i chwilio'r lle'n ofalus o un cwr i'r llall. Pob twll a chornel. Pob drôr a chwpwrdd. Y tu ôl i'r cwpwrdd dillad. O dan y gwely. I lawr ochrau'r cadeiriau. Hyd yn oed o dan y carped. Pan mae'r Gwasanaeth Cudd yn ein dysgu i chwilio stafell, mae'n gwneud job iawn ohoni hi, a rydw i'n ffyddiog taswn i'n chwilio am nodwydd yn y stafell y byddwn i wedi dod o hyd iddi.

Ar derfyn y chwilio roeddwn i'n sicr mai

hon oedd stafell y mynach. Cefais hyd i dri pheth oedd yn siarad cyfrolau—record Huw Tryfan o 'Fe Ddaeth y Awr', yr unig record yn y lle, rifolfer yn nrôr ucha'r bwrdd gwisgo—rifolfer a chwe bwled ynddo, a llun. Ac o'r tri pheth, y llun oedd y mwyaf diddorol a'r pwysica hefyd. Roedd o'n hen lun ond roedd o'n cadarnhau yr hyn ddywedodd Bob Ifans.

Roeddwn i'n ôl yn fy stafell fy hun cyn i neb arall orffen ei ginio ac roedd gen i ddigon o amser i ddatrys holl broblemau'r byd. Roeddwn i a Ralph Morris wedi cytuno i wneud ein hymchwiliadau ein hunain yn ystod y dydd ac i gyfarfod am ddeg o'r gloch y noson honno. Doeddwn i ddim yn awyddus iawn i grwydro o gwmpas y plasty gan y byddai chwilio a holi mawr am Gwyn Lawrence, Sam Cyffin a Dic Sgwnar cyn nos, ac er 'mod i'n gwybod ymhle roedd y tri doeddwn i ddim yn teimlo fel mynd o gwmpas i ddweud wrth bawb.

Ond doeddwn i ddim yn ffansïo aros fel ryw iâr fatri yn fy stafell drwy'r pnawn chwaith a chymaint heb ei ddarganfod, er bod y Cyrnol o'r farn mai dyna ydw i orau am ei wneud. Doeddwn i ddim eto wedi darganfod y llwybr o'r stafell yn y graig i'r garej. Roedd gen i oriau i wneud hynny cyn cyfarfod Ralph Morris.

Cerddais i lawr drwy'r pentre at lan y dŵr. Roedd storm y noson cynt wedi chwythu'i phlwc erbyn hyn ond roedd digon o ewyn ar frig y tonnau i'm hatgoffa ohoni. Roedd corff Gwyn Lawrence yn dal yn yr un fan yn y clwb a threuliais rai munudau digon anghyfforddus yn ei lusgo drwy'r drws yn y llawr i'r seler o dan y gegin. Roedd o o'r golwg yn y fan honno beth bynnag ac roedd hyn yn rhoi diwrnod neu ddau arall i mi heb i'r heddlu ddod i ymyrryd yn y busnes.

Does dim sy'n fwy atgas gen i na chwilio corff, ond mi es drwy ei bocedi i gyd rhag ofn bod rhywbeth o bwys ynddyn nhw. Dim. Yna dringais y grisiau serth, llaith drwy grombil y graig unwaith eto nes cyrraedd y drws mawr solet oedd yn agor i'r siambar danddaearol—lloches Marged. Roedd tri o'r drwgweithredwyr wedi eu lladd ond doedd hynny'n newid dim ar awyrgylch y lle. Roeddwn i'n cael yr argraff fod rhyw ysbryd drwg o'r gorffennol yn cyniwair yn y lle a bod casineb a malais a dial yn yr awyrgylch. Ffansi, meddech chi; falle wir, ond wrth gofio'r golau hanner gwallgo welais i yn llygaid y mynach mi deimlais iasau oerion yn rhedeg i lawr fy nghefn fel diferion o leithder ar bared.

Y tro cynt roeddwn i wedi bwrw i'r drws a'i

agor heb aros dim, ond y tro yma mi sefais i wrando. Roedd sŵn lleisiau'n dod o'r siambar a phlygais i lawr a rhoi fy nghlust wrth dwll y clo. Roedd Marged yno—doedd dim modd camgymryd ei llais gwichlyd, crynedig hi. Y mynach oedd y llall! Rhoddais fy llaw yn fy mynwes a gafael yn dynn yng ngharn y gyllell oedd gen i wedi ei strapio yno, a theimlo beth yn fwy cysurus. Clustfeiniais er mwyn clywed y sgwrs.

'Nid heddiw na fory ond dydd Mercher.' Llais diamynedd y mynach.

'O, nid heddiw mae o felly?' Swniai'r hen wraig yn siomedig.

'Rydw i wedi deud digon wrthoch chi, ac mae o wedi'i farcio ar y calendr yma.'

'Pryd mae dydd Mercher 'te, fory?'

'Nage, nid fory, y diwrnod ar ôl fory. Ydych chi ddim yn deall?'

'Mae 'mhen i'n ffwndrus reit. Ydi hi ddim yn bryd i mi gael dos? Mi faswn i'n teimlo'n well ar ôl cael y nodwydd.'

'O, o'r gore, ond dim ond dos fechan cofiwch.'

Bu distawrwydd a gallwn ddychmygu'r hen wraig yn torchi ei llawes ac yna'r nodwydd yn trywanu ei chnawd yng nghanol y patrwm tyllog ar ei braich.

Fe newidiodd yn llwyr wedyn. Fe

ddiflannodd y dryswch a'r styfnigrwydd i gyd a swniai'n barod i ufuddhau i bob gorchymyn o eiddo'r mynach.

'Rŵan, dyma'r cynllun unwaith eto.' Roedd y mynach wedi newid hefyd a'r llais yn llawer mwy pendant ac awdurdodol.

'Dydd Mercher ydi'r diwrnod pwysig. Yn y bore, am ddeg o'r gloch, rhaid i chi chwarae'r record, ac yna dod i lawr yma'n syth i fod yn barod at y pnawn.'

'Pryd bydd y bobl ddiarth yn cyrraedd?'

'Ar ôl cinio.'

'Fydd Hans efo nhw?'

'Bydd wrth gwrs.'

Chwarddodd yr hen wraig.

'Dial o'r diwedd! Llygad am lygad a dant am ddant. Ar ôl blynyddoedd o aros dyma fi'n cael dial arno am ladd fy ngŵr. Faint o'r gloch ydw i i fod i bwyso'r handlen 'ma?'

'Am ddau o'r gloch union. Rydyn ni wedi bod dros hyn ddigon o weithiau. Gobeithio y byddwch chi'n cofio'n union be i'w wneud.'

'Mi fydda i'n siŵr o gofio. Fydd 'na glec pan bwysa i'r handlen?'

'Mi gaiff y plasty a phawb sydd ynddo eu chwythu'n gyrbibion. Mae 'na ddigon o ddeinameit oddi tano fo i'w chwythu o i'r lleuad.'

'Fydda i'n ddiogel yn y fan yma?'

'Yn berffaith ddiogel. Ar ôl i bethe dawelu mi ddof i'ch nôl chi ac mi gawn ddianc ar *Yr Afallen*. Rhaid i chi fynd rŵan neu mi fydd rhywun yn chwilio amdanoch chi. Mi arhosa i yma am dipyn i wneud yn siŵr bod y weiars 'ma wedi eu gosod yn iawn.'

Clywais ddrws rhydlyd, gwichlyd yn cael ei agor ac yna sŵn camau herciog yr hen wraig yn atseinio drwy'r creigiau. Yna caewyd y drws a chlywais y mynach yn symud o gwmpas yn y siambar. Bu wrthi'n ddiwyd am tua chwarter awr a minnau'n gwrando arno. Roedd o o fewn ychydig lathenni i mi a'r tro hwn gen i yr oedd pen praffa'r ffon. Mi wyddwn i ei fod o yno, ond wyddai o ddim 'mod i ar ei warthaf. Ai hwn oedd yr adeg i ymosod? Mentro'r cyfan mewn un cyrch sydyn yn y gobaith y cawn i'r llaw ucha arno fo? Roeddwn i'n ffyddiog y medrwn ei guro, yr unig rwystr oedd y drws mawr rhyngof fi a fo, drws amhosib ei agor yn dawel ac yn gyflym. Mi fyddai'r mynach wedi cael digon o amser i ffoi i'r Bahamas tra byddwn i'n ei agor. Felly mi benderfynais yn erbyn gwneud arwr ohonof fy hun y funud honno.

Mi arhosais lle'r oeddwn i gan obeithio y cawn gyfle arno pe tase fo'n dod trwy'r drws. Ond y ffordd arall yr aeth o. Clywais yr un wich ag a glywswn ychydig ynghynt, yna'r drws yn cau ar ddistawrwydd y siambar.

Arhosais am bum munud cyn mentro i mewn rhag ofn ei fod o'n llechu y tu draw i'r drws. Yna i mewn â mi gan oleuo fy fflachlamp a chwilio'r lle. Ar y llawr wrth y bwrdd roedd bocs haearn du a handlen wrtho. Dyma lle y byddai Marged am ddau o'r gloch bnawn Mercher yn pwyso'r handlen ac yn chwythu'r plasty i'r entrychion. Dilynais y gwifrau oedd yn arwain o'r bocs i gyfeiriad y drws arall ym mhen ucha'r stafell, ond cyn cyrraedd y drws mi ddois at fwndel o'r deinameit wedi ei guddio o dan hen fat tyllog wrth y gadair. Roedd y wifren yn mynd trwy'r bwndel hwn a phan bwysai Marged yr handlen ddydd Mercher byddai hithau'n cael ei chwythu'n sgyrion yr un pryd â gweddill y sioe. Marged druan! Doedd 'na'r un fordaith bleser ar *Yr Afallen* yn ei haros. Na, roedd meddwl gwyrgam y mynach wedi cynllunio ei marwolaeth hithau hefyd.

Gwaith hawdd fyddai tynnu'r gwifrau fel na fyddai dim yn digwydd wrth bwyso'r handlen. Ond fe fyddai'r mynach yn sicr o wneud yn siŵr fod popeth yn iawn a byddai ganddo ddigon o gyfle i ddianc ar ôl darganfod bod rhywun wedi ymyrryd â'i gynlluniau. Roedd yn rhaid meddwl am ffordd i'w dwyllo, i'w ddenu i'r rhwyd. Y peth cynta i'w wneud oedd darganfod y llwybr i'r garej, a doeddwn i ddim yn meddwl y byddai hynny'n anodd.

Mi es drwy'r drws ym mhen ucha'r siambar a chael nad oedd grisiau yma gan fod y dringo'n llawer llai serth. Llwybr cul— twnnel cul yn wir—oedd o, yn troelli'n ddibaid i fyny ac i fyny nes 'mod i wedi colli pob synnwyr o bellter a chyfeiriad. Toc dyma ddod i fan lle'r oedd y twnnel yn lledu ac yn fforchio'n ddau. Doedd darganfod y ffordd i'r garej ddim yn waith mor hawdd wedi'r cyfan! Doedd gen i ddim syniad pa lwybr i'w gymryd ac i wneud pethau'n waeth roedd golau'r fflachlamp yn melynu bob eiliad. Doedd dim i'w wneud ond mentro fy siawns a mynd ar hyd y twnnel i'r chwith i ddechrau. Er fy syndod dechreuodd hwn arwain ar i lawr yn hytrach nag ar i fyny ond mi ddaliais i fynd yn fy mlaen rhag ofn bod cyfrinachau oedd eto heb eu datgelu yng nghrombil y creigiau.

Wrth ymlwybro'n araf fel hyn, bron yn fy nghwman gan mor isel oedd y to, ceisiwn feddwl am ffordd i rwydo'r mynach a dod â'r gwaith i ben. Roedd fy fflachlamp bron wedi diffodd erbyn hyn a rhois hi yn fy mhoced, gan ddal i ymlwybro ymlaen ac ymlaen, i lawr ac i lawr. Roeddwn i'n amlwg wedi taro ar lwybr arall oedd yn arwain i lawr at y môr. Clywn awel oer yn dod i'm cyfarfod ac mi wyddwn nad oeddwn i ymhell o ben draw'r llwybr.

Mi gyrhaeddais yn gynt nag roeddwn i wedi bargeinio! Fe beidiodd y llwybr yn ddisymwth—doedd dim ond gwagle o'm blaen. Ond roeddwn i eisoes wedi rhoi'r cam nesaf ac roedd hi'n rhy hwyr i dynnu'n ôl. Yr eiliad nesaf roeddwn i'n disgyn yn bendramwnwgl i lawr ac i lawr i ryw ddyfnder du, ofnadwy.

10. *Awr Dial*

Mi fues i'n anymwybodol am oriau, ac am amser maith wedi hynny yn hofran rhwng deufyd, weithiau'n ymwybodol o greigiau a gwymon, môr a goleuni, ac yna'n cael fy nhynnu'n ôl i'r tywyllwch drachefn. Ond yn araf, ac yn boenus, roeddwn i'n dod ataf fy hun.

Roeddwn i'n dod ataf fy hun mewn ogof laith, afiach, yng nghanol y creigiau, dod ataf fy hun i ganfod bod pob asgwrn yn fy nghorff yn brifo a bod sgôr ddofn wedi ei hagor ar fy mhen, a'r gwaed o'r archoll wedi ceulo hyd fy wyneb i gyd. Mae'n syn 'mod i'n fyw ar ôl disgyn drwy'r gwagle. Rhaid bod tywod a gwymon llawr yr ogof wedi torri peth ar y godwm. Ond roeddwn i wedi taro 'mhen yn erbyn y graig a hynny mae'n debyg wnaeth i mi gysgu mor drwm. Rhaid i mi gofio am hynny y tro nesa y bydda i'n effro'r nos.

Roedd codi ar fy eistedd ac edrych o'm cwmpas yn fwy o straen na diwrnod o lafur caled yn Siberia ac roeddwn i'n falch o gael gorwedd yn ôl ar y gwymon—gwymon tamp, chweinllyd efallai, ond i mi roedd o'n well nag unrhyw wely plu y bues i ynddo erioed.

Daeth y niwl yn ôl dros fy llygaid a chlywn

fy hun yn llithro yn ôl i gysgu. Cysgais am oriau—hyd nes i rywun daflu bwcedaid o ddŵr am fy mhen. Codais ar fy eistedd ac edrych o'm cwmpas yn ffwndrus. Doedd neb yno, dim ond tywod a gwymon, creigiau a môr! Roedd y llanw'n dod i mewn ac roedd ton wedi golchi dros fy wyneb. Ond roedd gen i bethau pwysicach i feddwl amdanyn nhw na molchi.

Sefais ar fy nhraed fel meddwyn yn codi o'r ffos, ac edrychais o'm cwmpas. Roedd hi'n weddol olau yn yr ogof a gallwn weld o'm cwmpas ymhobman greigiau serth, gwlyb—creigiau y byddai'n amhosib hyd yn oed i Hillary neu Tensing eu dringo.

Yr unig lwybr ymwared oedd i gyfeiriad y môr. Ond roedd y llwybr hwnnw wedi ei gau! Roeddwn i yn rhan ucha'r ogof ac roedd y llanw eisoes yn cyrraedd y to yn ei rhan isa ac erbyn hyn roedd o'n dechrau llepian o gwmpas fy nhraed innau. Tonnau bychain pitw oedden nhw, tonnau oedd wedi chwythu eu plwc ar eu taith o'r môr i mewn i'r ogof. Ond pitw neu beidio roedden nhw'n effeithiol. Allai'r poenydiwr mwyaf dyfeisgar ddim bod wedi meddwl am rywbeth gwaeth i ddyn nag iddo glywed y dŵr yn codi'n araf o fodfedd i fodfedd i fyny ei goesau.

Maen nhw'n dweud i mi fod dyn dewr yn

gallu wynebu ei ddiwedd yn ddi-ofn. Os felly, llwfrgi ydw i. Roeddwn i'n chwys oer drostof ac roedd fy nghalon i'n curo fel cnocell y coed yn chwilio am fwyd.

Mi gyrhaeddodd y dŵr at fy nghorn gwddw! Modfedd arall ac mi fyddwn wedi plymio i mewn iddo a mentro fy siawns, mentro y medrwn i ddal fy ngwynt yn ddigon hir i nofio allan o'r ogof. Yna, mi sylweddolais yn sydyn nad oedd y dŵr wedi codi dim yn ystod y munudau diwetha. Roedd hi'n benllanw, a chafodd yr un penllanw gymaint o groeso â hwn. Mi fu bron i mi ganu mewn gorfoledd. Ond yna'r un mor sydyn daeth yr adwaith, y sylweddoli mor ofnadwy o oer oeddwn i. Roedd iasau rhewllyd yn treiddio hyd fêr fy esgyrn ac roedd fy nannedd i'n clecian yn ddi-stop fel tase gen i set o rai gosod wedi eu ffitio gan ddeintydd meddw.

Yn araf, o fodfedd i fodfedd, fel petai'n gyndyn i fynd, ciliodd y dŵr a'm gadael ar dir sych. Ddwyawr yn ddiweddarach roedd to'r ogof yn y golwg. Roedd hi'n bryd i mi ddynwared Capten Webb. Loes oedd nofio a'm corff i gyd mor ysig, ond trwy drugaredd doedd y siwrne ddim yn faith ac ymhen chwarter awr roeddwn i'n tynnu fy hun yn glir o'r dŵr gyferbyn â'r clwb ieuenctid.

Llusgais fy hun i mewn i'r clwb a dechrau ymbalfalu yn y cypyrddau a'r bocsys oedd yno am ddillad sychion. Roeddwn i'n lwcus gan fod digonedd o hen ddillad drama yno, ac ar ôl dewis trywsus gweddol barchus a jersi heb ormod o dyllau ynddi mi dynnais fy nillad gwlybion a gwisgo'r dillad drama. Golchais fy wyneb a'r clwyf yn fy mhen yn lân. Roedd yn rhaid brysio. Doedd gen i ddim syniad faint o'r gloch oedd hi na pha ddiwrnod oedd hi gan fod fy wats wedi malu'n yfflon yn y godwm. Roedd hi'n olau dydd, ond cyn belled ag y gwyddwn i mi allai fod yn ddiwrnod Dolig!

Ond cyn gadael y clwb mi fu'n rhaid i mi eistedd i lawr gan fod pobman yn troi fel top. Diogi fase'r Cyrnol yn ei alw fo, ond ŵyr o ddim be ydi gwaith caled ac anghysurus. Cyn gynted ag yr eisteddais yn y gadair roeddwn wedi syrthio i gysgu.

Roedd yr haul yn gwenu pan ddeffrois i; haul gwanllyd Tachwedd oedd o ond roedd o'n gwneud ei orau. Mi gofiais ar unwaith am yr angen i frysio. Be oedd yn digwydd yng Nghreigiau Duon tybed?

Oedd aelodau'r gynhadledd wedi cyrraedd ynteu gafodd y cynllwyn ei ddarganfod? Falle bod y cyfan drosodd a'r plasty yn adfail erbyn hyn! A minnau wedi methu yn y dasg a roddwyd imi o amddiffyn gwesteion y gynhadledd rhag niwed.

Daeth awel fain i'm hwyneb wrth i mi gerdded o'r clwb a diolchais amdani. Roedd yn gymorth mawr i chwalu'r niwl oedd yn mynnu lapio'i hun am f'ymennydd i. Cyn cyrraedd y pentre roedd fy mhen i'n canu a'r tu mewn i mi'n troi drosodd fel buddai gorddi. Mi wyddwn na chyrhaeddwn i byth Greigiau Duon yn y cyflwr roeddwn i ynddo, felly dyma droi i mewn i'r Caban Coffi. Wrth lwc roeddwn i wedi symud peth arian o'm dillad gwlybion i boced y trywsus benthyg. Cefais gwpanaid o goffi du fel triog ac eisteddais wrth un o'r byrddau i'w yfed. Roedd cloc ar y mur yn dangos chwarter i un—chwarter i un ddydd Mawrth mae'n siŵr. Byddai'n ginio yng Nghreigiau Duon am un, tybed fedrwn i gyrraedd yno mewn pryd? Am ryw reswm, fedrwn i feddwl am ddim ond am fy mol!

Wrth fwrdd yn ymyl roedd hen ŵr yn darllen papur newydd a chrwydrodd fy llygaid innau dros y penawdau. Yna sylwais ar y dyddiad. Dydd Mercher! Mi fu bron i mi ddymchwel y bwrdd. Neidiais ar fy nhraed a rhuthro allan o'r caban fel dyn gwyllt a phob poen a gwendid wedi ei anghofio. Chwarter i un ddydd Mercher oedd hi! Doedd ryfedd 'mod i eisiau bwyd. Rhwng yr amser a dreuliais yn yr ogof a'r clwb roedd dyddiau o'm bywyd i wedi eu colli.

Rhedais i fyny'r ffordd i gyfeiriad Creigiau Duon gan chwythu a thagu ac ymladd am fy anadl! Piti na fyddai rhai o ddewiswyr tîm y chwaraeon Olympaidd wedi fy ngweld. Mi fydden wedi fy newis i ar gyfer y farathon yn y fan a'r lle.

Roeddwn ar gymaint o frys a'm meddwl yn dryblith mor gynhyrfus fel na chlywais sŵn lorri yn dod i'm cyfarfod. Yr eiliad nesaf daeth y lorri werdd rownd y tro gyda Ralph Morris yn ei gyrru. Pan welodd o fi mi fu bron iddo fynd ar ei ben i'r clawdd ond mi lwyddodd i stopio mewn pryd.

'Yr arswyd fawr, ble ar y ddaear buost ti?' holodd. 'Drwy'r mangl?'

'Na hidiwch am hynny,' meddwn i—fedrwn i yn fy myw ddweud 'ti' wrtho fo rywsut. Roeddwn i'n dal i feddwl amdano fo fel ysgrifennydd Syr William. 'Rhaid stopio'r gynhadledd ar unwaith, does yr un funud i'w cholli.'

Er fy syndod chwarddodd Ralph Morris yn uchel.

'Paid â phoeni,' meddai, 'does 'na neb yn y plasty.'

'Neb?'

'Ar ôl i ti ddiflannu nos Lun mi es i gysylltiad â'r Cyrnol. Doedd neb yn gwybod yn iawn be oedd yn digwydd ond fe benderfynwyd symud y gynhadledd i Gaerwenlli. Mae Syr William ar ei ffordd yno rŵan.'

Rhoddais ochenaid o ryddhad ac eistedd ar ochr y clawdd.

'Diolch i'r drefn am hynny. Am ddau o'r gloch y pnawn 'ma mi fydd Creigiau Duon yn cael ei chwythu i fyny i'r entrychion.'

'Yr arswyd fawr!'

Edrychodd Ralph Morris ar ei wats.

'Mae'n chwarter wedi un rŵan. Dim ond cael a chael wnes i felly.'

'Be am y staff?' holais. 'Ydyn nhw'n dal yma?'

'Nag ydyn. Mi ddywedwyd wrthyn nhw fod yn rhaid iddyn nhw symud am fod cyfarfod pwysig yn cael ei gynnal yn y plasty. Cyfarfod mor bwysig ac mor gyfrinachol fel bod yn rhaid gwneud yn siŵr nad oedd neb o'r staff o gwmpas. Maen nhw yng ngwesty'r Llong Aur. Ar fy ffordd yno rydw innau rŵan.'

'Gawsoch chi afael arnyn nhw i gyd?'

'Do, pawb ond yr hen wraig. Doedd dim golwg ohoni hi yn unman. Mae'n eitha posib ei bod hi'n crwydro glannau'r môr. Mi fydd yn gwneud hynny'n aml.'

'Rydw i am fynd i edrych wela i hi.'

Mi wyddwn o'r gorau ei bod yn eistedd yn ei stafell a'i llaw ar handlen y bocs yn aros yn eiddgar i fysedd y cloc gyrraedd dau o'r gloch. Ond falle y medrwn i gyrraedd ati mewn pryd ac arbed y plasty.

'Wnei di ddim o'r fath beth! Os wyt ti'n iawn does ond rhyw hanner awr nes bydd y lle'n cael ei chwythu i fyny.'

'Peidiwch â phoeni amdana i, mi fydda i'n ddigon pell oddi yma erbyn hynny. Ewch chi yn eich blaen i'r gwesty.'

Cyn iddo gael cyfle i ddadlau rhagor cerddais i fyny'r ffordd i gyfeiriad y plasty.

Doedd y mynach ddim yn gwybod felly fod y lle'n wag a bod y gynhadledd wedi ei symud i Gaerwenlli. Roedd yn ddigon posib y dôi yn ei ôl ar y funud ola i wneud yn siŵr fod ei gynlluniau'n gweithio'n iawn.

Chwiliais bob twll a chornel o'r plasty ond doedd dim golwg o neb yno. Doedd y deinameit ddim i'w weld chwaith. Rhaid ei fod wedi ei osod o dan y lloriau neu ym mhlygion tywyll y creigiau o dan y tŷ.

Erbyn i mi chwilio'r lle yn drylwyr a cheisio'n ofer i ddarganfod y llwybr o'r garej i'r siambar roedd hi'n chwarter i ddau ar gloc y neuadd ac yn hen bryd imi ddianc o'r lle. Doedd hi ddim yn edrych yn debyg fod y mynach yn mynd i ddod yno. Cyn gadael, dringais i ben y mur ac edrych i lawr ar y môr. Edrychai'n gyfeillgar yn heulwen y pnawn ond rhyngof i a fo roedd dannedd miniog y creigiau yn barod i'm llarpio pe bawn i'n digwydd cwympo.

Clywais sŵn traed y tu ôl i mi a throis i wynebu Bethan y forwyn. Roedd hi'n cerdded tuag ata i wedi ei gwisgo mewn cot laes at ei thraed a chwifiai ei gwallt yn rhydd yn yr awel. Safodd cyn cyrraedd ata i a sefais innau i'w hwynebu—roeddem fel dau gariad wedi trefnu i gyfarfod.

'Ble mae'r wisg mynach?' holais.

Daeth hanner gwên i'w hwyneb.

'Be sy'n gwneud i chi feddwl mai fi ydi'r mynach?'

'Ar wahân i fod yn foi golygus, rydw i hefyd yn glyfar.'

Camodd yn nes ata i ac roedd golwg wyllt yn ei llygaid.

'Pam na fyddech chi wedi mynd oddi yma pan rois i rybudd i chi? Pam na fyddech chi wedi cymryd marwolaeth Llew Prys yn rhybudd pan wnes i'n siŵr y byddech chi'n dod o hyd i'w gorff o? Ond o ran hynny dydi hi ddim yn rhy hwyr eto. Mi fedrech chi a fi ddechrau bywyd newydd yn ddigon pell oddi yma. Anghofio'r gorffennol a dechrau eto—chi a fi.'

Ysgydwais fy mhen.

'Mae hi'n rhy hwyr i feddwl am hynny, Bethan. Be am yr holl bobl sy wedi eu lladd—yr hogyn o'r clwb, Idris Huws, Llew Prys ac eraill?'

'Twt,' meddai'n ddiamynedd, 'dydyn nhw ddim yn bwysig.'

'Maen nhw i mi. Be wnaeth i chi droi'n ysbïwr a llofrudd, Bethan?'

'Mi wyddoch hanes John Morgan, mi glywais i'r dyn papur newydd yn deud wrthoch chi ar y ffôn. Merch John Morgan ydw i a'r hen Farged ydi fy mam.'

'Mi wn i hynny hefyd. Dyna sut y dois i i wybod mai chi ydi'r mynach. Pan glywais i fod merch gan John Morgan a'i wraig mi gofiais eich bod chi wedi deud mai mab oedd gan yr hen Farged ac mai fo oedd wedi disgyn dros y dibyn. Pam y celwydd? Wedi hynny fe ddechreuodd popeth ffitio i'w le. Y lipstic ar y stwmp sigarét yn y siambar. Y ffaith eich bod chi'n bresennol pan ddaeth Idris Huws i ddeud ei stori wrth Gwyn Lawrence. A'r llun ohonoch chi efo'ch tad a'ch mam. Hwnnw sy yn eich stafell.'

'Mi fuoch chi'n chwilio fy stafell i felly. Ond dim ots am hynny bellach. Cael ei lofruddio wnaeth fy nhad, nid syrthio trwy ddamwain. Cynllun Mam a'r Almaenwr, Hans Petzold, oedd y cyfan. Y fo laddodd fy nhad ond Mam gynlluniodd y cwbwl. Roedd hi mewn cariad efo'r Almaenwr, ond wrth gwrs wnaeth y peth ddim gweithio. Ar ôl marwolaeth fy nhad mi fu'n rhaid iddi hi a fi fyw yn y siambar danddaearol—byw fel llygod mewn twll, a dod allan yn y nos i bysgota a lladrata bwyd a dillad. Mi dyngais i lw, er nad oeddwn i ond ifanc, y byddwn i'n treulio gweddill fy oes os oedd raid, i ddial y cam. Roeddwn i'n caru 'nhad.'

Arhosodd am ennyd i sychu deigryn o'i llygaid; yna aeth ymlaen.

'Mi lwyddais i wneud Mam yn gaeth i ddrygiau—dyna pam mae hi'n edrych mor hen—ac yn ddibynnol arna i. Mi goncrais ei hewyllys hi'n llwyr a llwyddo i'w pherswadio mai Hans Petzold yn unig oedd yn gyfrifol am y llofruddiaeth a'i bod hi'n dal i garu 'nhad. Mae hi'n credu mai hi sy'n dial ac nid y fi.'

Taflodd ei phen yn ôl a chwarddodd yn uchel, chwerthiniad oeraidd, lloerig.

'Roeddwn i am ddial ar y gymdeithas hefyd—y gymdeithas bwdr, barchus a wnaeth llofruddiaeth fy nhad yn ddamwain. Pan ddaeth y plasty'n eiddo i Syr William Meurig o'r Swyddfa Dramor mi gefais i a Mam waith yma. Mater bach oedd cael gafael ar gynlluniau Gwyn Lawrence a'u defnyddio i'm diben fy hun. Roedd mewnforio tramorwyr a gwerthu cyfrinachau'r Swyddfa Dramor yn hawdd ac yn rhoi boddhad mawr i mi. Roedd o'n ymosodiad ar gymdeithas barchus. Yna, mi ddigwyddodd rhywbeth i goroni'r cyfan. Mi ddigwyddais ddarganfod bod cynhadledd bwysig i'w chynnal yma ac mai un o'r cynrychiolwyr fyddai Hans Petzold. Dyma gyfle i ddial go-iawn, i ddial yn bersonol. Rhaid bod y duwiau o'm tu. Lle bu fy nhad farw, yma hefyd y byddai ei lofrudd farw.'

Trodd ei phen i edrych ar y plasty.

'Does 'na ddim fedrwch chi na neb arall ei wneud i ddrysu 'nghynlluniau i bellach. Ymhen ychydig funudau mi fydd y lle yn adfail a Hans Petzold yn farw.'

'A'ch mam.'

'Wrth gwrs, mae hi'n euog hefyd.'

Yna trodd arna i'n ffyrnig.

'Sut gwyddoch chi fod Mam yn mynd i gael ei lladd?'

'Mi welais i'r deinameit o dan y mat yn ei stafell. Rydw i'n gwybod llawer iawn, Bethan. Mi wn i fwy na chi. Mi wn i, er enghraifft, fod y plasty'n wag a bod Hans Petzold a phawb arall yn ddiogel yng Nghaerwenlli, filltiroedd lawer oddi yma.'

'Ond mi ddywedodd Ralph Morris wrth y

staff eu bod yn gorfod mynd i'r gwesty am fod y gynhadledd yn y plasty.'

'Celwydd oedd hynny.'

Newidiodd o flaen fy llygaid. Aeth yn welw fel memrwn a dechreuodd lafoerian. Plyciodd nerf yn ei boch gan wneud ei hwyneb yn bob siâp.

'Y Satan!' meddai, ac roedd holl gynddaredd gorffwyll ei phersonoliaeth wedi ei grynhoi yn y ddau air hwnnw. 'Mi gei di dalu am hyn. Mi gei di dalu am hyn!'

Roedd dagrau gwylltineb yn llifo i lawr ei gruddiau wrth iddi ymbalfalu ym mhoced ei chôt. Tynnodd rifolfer allan a'i bwyntio tuag ata i.

'Lle gymeri di'r ergyd gynta, y ffŵl?'

Gwasgodd y triger unwaith, ddwywaith, ond ddigwyddodd dim. Yn raddol trodd y dicter yn ei gwedd yn fraw ac yn arswyd.

Estynnais fy llaw allan.

'Dewch â'r gwn i mi, dydi o'n dda i ddim i chi. Pan oeddwn i'n chwilio'ch stafell chi mi wnes i'n siŵr na weithiai o ddim.'

Symudais tuag ati. Camodd hithau'n ôl. Un cam. Dau gam. Yr eiliad nesa torrodd sgrech annaearol dros bob man nes dychryn pob gwylan o'i lloches. Roedd Bethan wedi camu dros ymyl y mur ac wedi disgyn i'r dyfnder islaw.

Edrychais dros yr ochr a gweld ei chorff yn

gorwedd yn llonydd ar graig uwchben y môr, fel doli glwt ar domen sbwriel. Roedd Bethan wedi cyfarfod yr un diwedd â'i thad.

Sefais i edrych ar Greigiau Duon, y plasty a welodd ladd a dinistr. Dinistr! Cofiais yn sydyn am y deinameit oedd dan fy nhraed i yn rhywle. Rhedais am fy mywyd i lawr y dreif fel petai holl ellyllon y fall wrth fy sodlau. Roedd hi'n siŵr o fod yn ddau o'r gloch. Cyn cyrraedd y giatiau clywais y ddaear dan fy nhraed yn siglo a daeth rhu isel ddofn i'm clustiau. Sefais a throi i weld yr olygfa, ac o flaen fy llygaid ffrwydrodd y plasty a hyrddiwyd cerrig a rwbel yn filiynau o ddarnau mân i'r entrychion. Daeth ffrwydrad arall i orffen gwaith y gyntaf ac yna tawelwch annaturiol. Dim ond am ychydig eiliadau y parhaodd y cynnwrf, ond roedd Creigiau Duon yn bentwr o gerrig, a mwg du yn codi o'i ganol.

Cerddais i lawr i'r pentre. Roedd holl bobl y lle allan ar y stryd, pob un ohonyn nhw wedi codi ei olygon i gyfeiriad y plasty. O siop recordiau gerllaw deuai llais Huw Tryfan yn canu,

> 'Fe ddaeth yr awr,
> Awr dial, awr gwae,
> Awr talu'r pris, awr setlo'r cownt.'

Codais innau fy ngolygon i edrych am y tro ola ar Greigiau Duon. Roedd y mwg du yn dal i godi o'r adfeilion ac yn graddol guddio'r haul uwchben, ac yn sydyn teimlais fod iasau oerach yn y gwynt a chwythai o'r môr. Cerddais yn fy mlaen i gyfeiriad y gwesty.

Teitlau eraill yng Nghyfres Cled

Myrddin yr Ail Hilma Lloyd Edwards (Y Lolfa)
Canhwyllau Emily Huws (Gomer)
Modryb Lanaf Lerpwl Meinir Pierce Jones (Gomer)
Pen Cyrliog a Sbectol Sgwâr Gareth F. Williams (Y Lolfa)
Y Sling Emily Huws (Gomer)
'Tisio Bet? Emily Huws (Gomer)
Gwesty'r Llygaid Aflan Ifor Wyn Williams (Hughes)
Cathreulig! M. Potter/Gwenno Hywyn (Gwynedd)
'Tisio Tshipsan? Emily Huws (Gomer)
Nefi Bliwl! C. Sefton/Emily Huws (Gomer)
Tân Gwyllt Pat Neill/Dic Jones (Gomer)
'Tisio Sws? Emily Huws (Gomer)
'Dwisio Dad Emily Huws (Gomer)
'Dwisio Nain Emily Huws (Gomer)
Piwma Tash Emily Huws (Gomer)
Lleuwedd D. Wiseman/Mari Llwyd (Gomer)
Yr Indiad yn y Cwpwrdd L.R. Banks/Euryn Dyfed (Gomer)
Delyth a'r Tai Haf Pat Neill/Dic Jones (Gomer)
Sothach a Sglyfath Angharad Tomos (Y Lolfa)
Madfall ar y Mur Menna Elfyn (Gomer)
Tash Emily Huws (Gomer)
Gags Emily Huws (Gomer)
Jinj Emily Huws (Gomer)
Y Gelyn ar y Trên T. Llew Jones (Gomer)
Dwi'n ♥ 'Sgota Emily Huws (Gomer)
Strach Go-iawn Emily Huws (Gomer)
Haf y Gwrachod addas. Siân Eleri Jones (Gwynedd)
Craig y Lladron Ioan Kidd (Gomer)
Ydw i'n ♥ Karate? Emily Huws (Gomer)
Tic Toc Emily Huws (Gomer)
Magu Croen Rhag Poen Mair Wynn Hughes (Gomer)
Iechyd Da, Modryb! Meinir Pierce Jones (Gomer)
Dwi Ddim yn ♥ Balwnio Emily Huws (Gomer)
Y Mochyn Defaid Dick King-Smith/Emily Huws (Gomer)
Os Mêts, Mêts Terrance Dicks/Brenda Wyn Jones (Gomer)
Adenydd Dros y Môr Pat Neill/Dic Jones (Gomer)
Lloches Ddirgel Theresa Tomlinson/Sioned Puw Rowlands (Gwynedd)

Yr Argyfwng Mawr Olaf Betsy Byars/Meinir Pierce Jones (Taf)
Mwy Nag Aur Meinir Wyn Edwards (Honno)
Rêl Ditectifs Mair Wynn Hughes (Gomer)
Y Dyn â'r Groes o Haearn J. Selwyn Lloyd (Gwynedd)
Crockett yn Achub y Dydd Bob Eynon (Dref Wen)
Nicyrs Pwy? Emily Huws (Gomer)
'Sgin ti Drôns? Emily Huws (Gomer)
Tân Poeth Penri Jones (Dwyfor)
Ydi Ots? Emily Huws (Gomer)